小学生同步字

MW01699157

蔡殿雷　书

小学生生字规范书写临字帖

二年级（上下册）

山东科学技术出版社

图书在版编目(CIP)数据

小学生生字规范书写临字帖. 二年级(上下册)/蔡殿雷书. —济南:山东科学技术出版社,2011(2016.7 重印)
ISBN 978-7-5331-5742-5

Ⅰ. ①小… Ⅱ. ①蔡… Ⅲ. ①钢笔字—楷书—小学—法帖 Ⅳ. ①G624.753

中国版本图书馆 CIP 数据核字(2011)第 038442 号

小学生生字规范书写临字帖

二年级(上下册)

主管单位:山东出版传媒股份有限公司

出 版 者:山东科学技术出版社

地址:济南市玉函路 16 号
邮编:250002 电话:(0531)82098088
网址:www.lkj.com.cn
电子邮件:sdkj@sdpress.com.cn

发 行 者:山东科学技术出版社

地址:济南市玉函路 16 号
邮编:250002 电话:(0531)82098071

印 刷 者:山东省东营市新华印刷厂

地址:华泰集团新工业园区
邮编:257335 电话:(0546)6441693

开本: 787mm×1092mm 1/16
印张: 4.25
版次: 2011 年 5 月第 1 版 2016 年 7 月第 10 次印刷

ISBN 978-7-5331-5742-5
定价:12.00 元

评一评：☆ ☆ ☆

识字 1

拼音	部首	结构	笔画	笔顺	练习	词语
yí	宀部	上下结构	8画	笔顺：丶 丷 宀 宀 宁 宜 宜 宜	宜 宜 宜 宜	适宜 适宜
shí	宀部	上下结构	8画	笔顺：丶 丷 宀 宀 宀 宝 实 实	实 实 实 实	现实 现实
sè	夂部	上下结构	6画	笔顺：丿 ⺈ 乌 乌 乌 色	色 色 色 色	景色 景色
huá	十部	上下结构	6画	笔顺：丿 亻 亻 化 化 华	华 华 华 华	华丽 华丽
gǔ	谷部	上下结构	7画	笔顺：丿 八 ⺌ 父 仌 谷 谷	谷 谷 谷 谷	山谷 山谷
jīn	金部	上下结构	8画	笔顺：丿 人 亼 今 全 余 金 金	金 金 金 金	金鱼 金鱼
jìn	尸部	上下结构	6画	笔顺：㇇ コ 尸 尺 尽 尽	尽 尽 尽 尽	尽力 尽力
céng	尸部	半包围结构	7画	笔顺：㇇ コ 尸 尸 尸 层 层	层 层 层 层	层次 层次
fēng	一部	独体结构	4画	笔顺：一 二 三 丰	丰 丰 丰 丰	丰收 丰收
zhuàng	丬部	左右结构	6画	笔顺：丶 冫 丬 丬 壮 壮	壮 壮 壮 壮	壮观 壮观

1 秋天的图画

bō	氵部	左右结构	8画	笔顺：丶 丶 氵 氵 沪 沪 波 波
波	波 波 波			波浪 波浪

làng	氵部	左右结构	10画	笔顺：丶 丶 氵 氵 氵 氵 氵 浪 浪 浪
浪	浪 浪 浪			浪花 浪花

dēng	火部	左右结构	6画	笔顺：丶 丷 火 火 灯 灯
灯	灯 灯 灯			灯光 灯光

zuò	亻部	左右结构	7画	笔顺：丿 亻 亻 作 作 作 作
作	作 作 作			作业 作业

zì	宀部	上下结构	6画	笔顺：丶 丶 宀 宁 字 字
字	字 字 字			写字 写字

píng	艹部	上下结构	8画	笔顺：一 十 艹 艹 艹 苹 苹 苹
苹	苹 苹 苹			苹果 苹果

lì	一部	上下结构	7画	笔顺：一 丆 丽 丽 丽 丽 丽
丽	丽 丽 丽			壮丽 壮丽

láo	艹部	上下结构	7画	笔顺：一 十 艹 艹 芦 劳 劳
劳	劳 劳 劳			劳动 劳动

2 黄山奇石

yóu	尢部	独体结构	4画	笔顺：一 ナ 九 尤
尤	尤 尤 尤			尤其 尤其

评一评：☆ ☆ ☆

qí	其部	独体结构	8画	笔顺：一 十 卄 廿 甘 苴 其 其							
其	其	其	其					其	实	其	实

qū	匚部	半包围结构	4画	笔顺：一 フ 又 区							
区	区	区	区					山	区	山	区

jù	匚部	半包围结构	4画	笔顺：一 ㄱ ヨ 巨							
巨	巨	巨	巨					巨	大	巨	大

tā	宀部	上下结构	5画	笔顺：丶 丶 宀 宀 它							
它	它	它	它					它	们	它	们

ān	宀部	上下结构	6画	笔顺：丶 丶 宀 宊 安 安							
安	安	安	安					安	全	安	全

kuài	土部	左右结构	7画	笔顺：一 十 土 圵 圵 坱 块							
块	块	块	块					石	块	石	块

zhàn	立部	左右结构	10画	笔顺：丶 亠 亠 立 立 刘 站 站 站 站							
站	站	站	站					站	立	站	立

3 植物妈妈有办法

yǐ	己部	独体结构	3画	笔顺：ㄱ ㄱ 已							
已	已	已	已					已	经	已	经

jiǎ	丨部	独体结构	5画	笔顺：丨 冂 曰 曰 甲							
甲	甲	甲	甲					甲	鱼	甲	鱼

dòu	豆部	独体结构	7画	笔顺：一 ㄏ 戸 戸 戸 豆 豆							
豆	豆	豆	豆					豆	浆	豆	浆

shí	讠部	左右结构	7画	笔顺：丶 讠 订 订 识 识 识
识 识 识 识				知识 知识

fēn	纟部	左右结构	7画	笔顺：𠃋 纟 纟 纟 纷 纷 纷
纷 纷 纷 纷				纷纷 纷纷

jīng	纟部	左右结构	8画	笔顺：𠃋 纟 纟 纟 经 经 经 经
经 经 经 经				经常 经常

rú	女部	左右结构	6画	笔顺：𡿨 女 女 如 如 如
如 如 如 如				如果 如果

hǎo	女部	左右结构	6画	笔顺：𡿨 女 女 女 好 好
好 好 好 好				好像 好像

wá	女部	左右结构	9画	笔顺：𡿨 女 女 女 女 妵 娃 娃 娃
娃 娃 娃 娃				娃娃 娃娃

wā	氵部	左右结构	9画	笔顺：丶 丶 氵 氵 汁 沣 洼 洼 洼
洼 洼 洼 洼				水洼 水洼

4 古诗两首

yú	一部	独体结构	3画	笔顺：一 二 于
于 于 于 于				于是 于是

shǒu	丷部	上下结构	9画	笔顺：丶 丷 丷 䒑 䒑 产 首 首 首 首
首 首 首 首				首先 首先

zhī	木部	左右结构	8画	笔顺：一 十 才 木 木 朩 枝 枝
枝 枝 枝 枝				树枝 树枝

评一评：☆ ☆ ☆

fēng	木部	左右结构	8画	笔顺：一 十 才 木 札 机 枫 枫
枫	枫 枫 枫			枫 叶 枫 叶

jì	讠部	左右结构	5画	笔顺：丶 讠 讠 记 记
记	记 记 记			记 者 记 者

liú	刂部	左右结构	6画	笔顺：丶 亠 亣 文 刘 刘
刘	刘 刘 刘			刘 海 刘 海

识 字 2

hú	月部	左右结构	9画	笔顺：一 十 十 古 古 古 胡 胡 胡
胡	胡 胡 胡			胡 同 胡 同

xì	又部	左右结构	6画	笔顺：フ 又 戈 戏 戏 戏
戏	戏 戏 戏			游 戏 游 戏

qí	木部	左右结构	12画	笔顺：一 十 才 木 木 杧 栉 栉 棋 棋 棋 棋
棋	棋 棋 棋			象 棋 象 棋

gāng	钅部	左右结构	9画	笔顺：丿 𠂉 𠂉 乍 钅 钔 钔 钢 钢
钢	钢 钢 钢			钢 笔 钢 笔

guān	又部	左右结构	6画	笔顺：フ 又 对 对 观 观
观	观 观 观			观 看 观 看

tán	弓部	左右结构	11画	笔顺：ㄱ ㄱ 弓 弓 弓 弓 弹 弹 弹 弹 弹
弹	弹 弹 弹			弹 性 弹 性

qín	王部	上下结构	12画	笔顺：一 二 干 王 王 王 玨 玨 琴 琴 琴 琴
琴	琴 琴 琴			钢 琴 钢 琴

yǎng	丷部	上下结构	9画	笔顺：丶 丷 䒑 兰 兰 羊 美 美 养

养 养 养 养 营 养 营 养

5 一株紫丁香

xiū	亻部	左右结构	6画	笔顺：丿 亻 仁 什 付 休

休 休 休 休 午 休 午 休

shēn	亻部	左右结构	7画	笔顺：丿 亻 亻 们 仴 伸 伸

伸 伸 伸 伸 伸 手 伸 手

tián	舌部	左右结构	11画	笔顺：丿 二 千 千 舌 舌 舌 甜 甜 甜 甜

甜 甜 甜 甜 甜 美 甜 美

gē	欠部	左右结构	14画	笔顺：一 丅 下 可 可 哥 哥 哥 哥 哥 哥 歌 歌 歌

歌 歌 歌 歌 歌 声 歌 声

yuàn	阝部	左右结构	9画	笔顺：阝 阝 阝 阝 阝 阝 阝 院 院

院 院 院 院 医 院 医 院

chú	阝部	左右结构	9画	笔顺：阝 阝 阝 队 阾 阾 除 除 除

除 除 除 除 扫 除 扫 除

xī	心部	上下结构	10画	笔顺：丿 亻 白 白 自 自 自 息 息 息

息 息 息 息 休 息 休 息

nín	心部	上下结构	11画	笔顺：丿 亻 亻 亻 伫 价 你 你 您 您 您

您 您 您 您 您 好 您 好

qiān	大部	上中下结构	9画	笔顺：一 ナ 大 大 玄 玄 玄 牵 牵

牵 牵 牵 牵 牵 挂 牵 挂

kùn	口部	全包围结构	7画	笔顺：丨 冂 闩 闩 闲 困 困

困 困 困 困 困 难 困 难

6 我选我

yuán	口部	上下结构	7画	笔顺：丶 ㄇ 口 尸 员 员 员

员 员 员 员 队 员 队 员

qīng	青部	上下结构	8画	笔顺：一 二 丰 丰 青 青 青 青

青 青 青 青 青 草 青 草

níng	宀部	上下结构	5画	笔顺：丶 丶 宀 宁 宁

宁 宁 宁 宁 宁 静 宁 静

shì	宀部	上下结构	9画	笔顺：丶 丶 宀 宀 宏 宏 室 室 室

室 室 室 室 教 室 教 室

yàng	木部	左右结构	10画	笔顺：一 十 才 木 木 杧 栏 栏 栏 样

样 样 样 样 同 样 同 样

xiào	木部	左右结构	10画	笔顺：一 十 才 木 木 村 杧 杧 校 校

校 校 校 校 学 校 学 校

qiè	刀部	左右结构	4画	笔顺：一 七 切 切

切 切 切 切 亲 切 亲 切

jiào	攵部	左右结构	11画	笔顺：一 十 土 耂 耂 孝 孝 孝 孝 教 教

教 教 教 教 教 室 教 室

xiǎng	口部	左右结构	9画	笔顺：丨 口 口 叮 叮 吶 响 响 响

响 响 响 响 响 亮 响 亮

bān	王部	左中右结构	10画	笔顺：一 二 千 王 王 玎 玎 玔 班 班
班	班 班 班			班级 班级

7 一分钟

qiàn	欠部	独体结构	4画	笔顺：丿 ⺈ 勹 欠
欠	欠 欠 欠			亏欠 亏欠
yuán	儿部	独体结构	4画	笔顺：一 二 テ 元
元	元 元 元			元帅 元帅
bāo	勹部	半包围结构	5画	笔顺：丿 勹 匀 匀 包
包	包 包 包			包含 包含
zhōng	钅部	左右结构	9画	笔顺：丿 𠂉 𠂉 乍 钅 钅 钔 钟 钟
钟	钟 钟 钟			钟表 钟表
tàn	口部	左右结构	5画	笔顺：丨 冂 口 叮 叹
叹	叹 叹 叹			感叹 感叹
hā	口部	左右结构	9画	笔顺：丨 冂 口 叺 叺 哈 哈 哈 哈
哈	哈 哈 哈			哈欠 哈欠
chí	辶部	半包围结构	7画	笔顺：㇇ ㇇ 尸 尺 尺 迟 迟
迟	迟 迟 迟			迟到 迟到
nào	门部	半包围结构	8画	笔顺：丶 丨 门 门 闩 闩 闹 闹
闹	闹 闹 闹			热闹 热闹

8 难忘的一天

jí	丿部	独体结构	3画	笔顺：丿 乃 及

及	及	及	及				及	时	及	时

shēn	身部	独体结构	7画	笔顺：丿 ㇒ 介 自 自 身 身

身	身	身	身				身	体	身	体

zǐ	亻部	左右结构	5画	笔顺：丿 亻 亻 仔 仔

仔	仔	仔	仔				仔	细	仔	细

xì	纟部	左右结构	8画	笔顺：𠃌 纟 纟 纟 纫 纲 细 细

细	细	细	细				细	心	细	心

cì	冫部	左右结构	6画	笔顺：丶 冫 冫 冫 次 次

次	次	次	次				名	次	名	次

wài	卜部	左右结构	5画	笔顺：丿 ク 夕 外 外

外	外	外	外				外	面	外	面

jì	讠部	左右结构	4画	笔顺：丶 讠 讠 计

计	计	计	计				计	划	计	划

pēng	忄部	左右结构	8画	笔顺：丶 丶 忄 忄 忄 忄 怦 怦

怦	怦	怦	怦				怦	然	怦	然

lǐ	礻部	左右结构	5画	笔顺：丶 ㇇ 礻 礻 礼

礼	礼	礼	礼				礼	貌	礼	貌

jiā	力部	左右结构	5画	笔顺：㇆ 力 力 加 加

加	加	加	加				加	油	加	油

识 字 3

拼音	部首	结构	笔画	笔顺	字	描红	词语
xī	夕部	独体结构	3画	ノ ク 夕	夕	夕 夕 夕	夕阳 夕阳
yǔ	一部	独体结构	3画	⼀ 与 与	与	与 与 与	与其 与其
chuān	丿部	独体结构	3画	丿 川 川	川	川 川 川	山川 山川
zhōu	丶部	独体结构	6画	丶 丿 少 州 州 州	州	州 州 州	神州 神州
tái	厶部	上下结构	5画	厶 厶 台 台 台	台	台 台 台	台风 台风
zhēng	⺈部	上下结构	6画	ノ ⺈ 今 刍 刍 争	争	争 争 争	争论 争论
mín	乛部	独体结构	5画	乛 ㇇ 巳 巳 民	民	民 民 民	民主 民主
zú	方部	左右结构	11画	丶 亠 方 方 方 方 方 方 旋 族 族	族	族 族 族	民族 民族

9 欢 庆

拼音	部首	结构	笔画	笔顺	字	描红	词语
yì	亻部	左右结构	3画	丿 亻 亿	亿	亿 亿 亿	亿万 亿万

jié　氵部　左右结构　9画　笔顺：丶 丶 氵 氵 汁 汢 汢 洁 洁

洁 洁 洁 洁　　　　清 洁 清 洁

huān　又部　左右结构　6画　笔顺：フ ヌ 对 欢 欢 欢

欢 欢 欢 欢　　　　欢 迎 欢 迎

zǔ　礻部　左右结构　9画　笔顺：丶 ㇇ 才 礻 礼 衵 衵 袓 祖

祖 祖 祖 祖　　　　祖 先 祖 先

qí　方部　左右结构　14画　笔顺：丶 亠 亍 方 方 扩 扩 於 於 旃 旃 旃 旗 旗

旗 旗 旗 旗　　　　国 旗 国 旗

zhì　巾部　左右结构　8画　笔顺：丨 冂 巾 巾 帄 帄 帜 帜

帜 帜 帜 帜　　　　旗 帜 旗 帜

qìng　广部　半包围结构　6画　笔顺：丶 亠 广 庂 庆 庆

庆 庆 庆 庆　　　　庆 祝 庆 祝

qǔ　丨部　独体结构　6画　笔顺：丨 冂 日 曲 曲 曲

曲 曲 曲 曲　　　　歌 曲 歌 曲

10　北　京

yāng　丨部　独体结构　5画　笔顺：丨 冂 口 央 央

央 央 央 央　　　　中 央 中 央

jiāo　亠部　上下结构　6画　笔顺：丶 亠 六 六 交 交

交 交 交 交　　　　交 往 交 往

shì　巾部　上下结构　5画　笔顺：丶 亠 亡 市 市

市 市 市 市　　　　市 场 市 场

páng 方部 上下结构 10画 笔顺：丶 亠 亠 立 产 产 帝 旁 旁 旁

旁 旁 旁 旁 旁边 旁边

yōu 亻部 左右结构 6画 笔顺：丿 亻 亻 仆 优 优

优 优 优 优 优秀 优秀

yīn 阝部 左右结构 6画 笔顺：乛 阝 阝 阴 阴 阴

阴 阴 阴 阴 光阴 光阴

tán 土部 左右结构 7画 笔顺：一 十 土 圹 圹 坛 坛

坛 坛 坛 坛 花坛 花坛

chéng 土部 左右结构 9画 笔顺：一 十 土 圹 圹 坊 城 城 城

城 城 城 城 城市 城市

guó 口部 全包围结构 8画 笔顺：丨 冂 冂 冃 冃 国 国 国

国 国 国 国 国家 国家

tú 口部 全包围结构 8画 笔顺：丨 冂 冂 冈 图 图 图 图

图 图 图 图 图画 图画

11 我们成功了

shēn 丨部 独体结构 5画 笔顺：丨 冂 曰 曰 申

申 申 申 申 申请 申请

pǐ 匚部 半包围结构 4画 笔顺：一 丆 兀 匹

匹 匹 匹 匹 匹配 匹配

hù 一部 独体结构 4画 笔顺：一 工 互 互

互 互 互 互 互相 互相

jīng 亠部 上中下结构 8画 笔顺：丶 亠 亠 亡 亩 亨 京 京

京 京 京 京 北京 北京

lèi 氵部 左右结构 8画 笔顺：丶 丶 氵 氵 汨 汨 泪 泪

泪 泪 泪 泪 眼泪 眼泪

yáng 氵部 左右结构 9画 笔顺：丶 丶 氵 氵 氵 氵 氵 洋 洋

洋 洋 洋 洋 海洋 海洋

yōng 扌部 左右结构 8画 笔顺：一 十 扌 扌 扨 扨 拥 拥

拥 拥 拥 拥 拥有 拥有

bào 扌部 左右结构 8画 笔顺：一 十 扌 扌 扚 扚 抱 抱

抱 抱 抱 抱 怀抱 怀抱

xiāng 木部 左右结构 9画 笔顺：一 十 才 木 朾 相 相 相 相

相 相 相 相 相信 相信

yáng 扌部 左右结构 6画 笔顺：一 十 扌 扐 扬 扬

扬 扬 扬 扬 表扬 表扬

12 看 雪

jiǎng 讠部 左右结构 6画 笔顺：丶 讠 讠 讠 讲 讲

讲 讲 讲 讲 讲话 讲话

dǎ 扌部 左右结构 5画 笔顺：一 十 扌 扌 打

打 打 打 打 打扫 打扫

zhǐ 扌部 左右结构 9画 笔顺：一 十 扌 扌 扌 指 指 指 指

指 指 指 指 指导 指导

jiē	扌部	左右结构	11画	笔顺：一 丨 扌 扌 扩 扩 护 拉 按 接 接

接 接 接 接 接受 接受

jīng	忄部	左右结构	11画	笔顺：丶 丶 忄 忄 忙 忙 忙 恼 惊 惊 惊

惊 惊 惊 惊 吃惊 吃惊

gù	攵部	左右结构	9画	笔顺：一 十 古 古 古 古' 古' 故 故

故 故 故 故 故乡 故乡

hòu	亻部	左右结构	10画	笔顺：丿 亻 亻 亻' 亻' 伊 伊 侄 侯 候

候 候 候 候 时候 时候

qí	大部	上下结构	8画	笔顺：一 ナ 大 太 夺 奇 奇 奇

奇 奇 奇 奇 奇怪 奇怪

识字 4

cùn	寸部	独体结构	3画	笔顺：一 寸 寸

寸 寸 寸 寸 尺寸 尺寸

luò	艹部	上下结构	12画	笔顺：一 十 艹 艹 艹 艹 艹 茨 茨 莈 落 落

落 落 落 落 落后 落后

bǔ	衤部	左右结构	7画	笔顺：丶 ㇇ 才 衤 衤 补 补

补 补 补 补 补充 补充

bá	扌部	左右结构	8画	笔顺：一 丨 扌 扌 扩 扐 拔 拔

拔 拔 拔 拔 拔河 拔河

gōng	工部	左右结构	5画	笔顺：一 丅 工 玏 功

功 功 功 功 成功 成功

zhù	力部	左右结构	7画	笔顺：丨 冂 月 月 且 盯 助
助	助 助 助			帮助 帮助

qǔ	耳部	左右结构	8画	笔顺：一 厂 丌 丌 月 耳 取 取
取	取 取 取			争取 争取

suǒ	斤部	左右结构	8画	笔顺：丿 厂 戶 戶 所 所 所 所
所	所 所 所			所有 所有

13 坐井观天

xìn	亻部	左右结构	9画	笔顺：丿 亻 亻 仁 仁 仨 信 信 信
信	信 信 信			信任 信任

yán	氵部	左右结构	8画	笔顺：丶 丶 氵 氵 汁 沿 沿 沿
沿	沿 沿 沿			沿途 沿途

tái	扌部	左右结构	8画	笔顺：一 十 扌 扌 抬 抬 抬 抬
抬	抬 抬 抬			抬头 抬头

jì	阝部	左右结构	7画	笔顺：了 阝 阝 阝 阡 阡 际
际	际 际 际			国际 国际

wā	虫部	左右结构	12画	笔顺：丨 口 口 中 虫 虫 虫 虫 蚌 蛙 蛙 蛙
蛙	蛙 蛙 蛙			青蛙 青蛙

cuò	钅部	左右结构	13画	笔顺：丿 ㇇ ㇇ 乍 钅 钅 钅 钳 钳 错 错 错 错
错	错 错 错			错误 错误

dá	竹部	上下结构	12画	笔顺：丿 ㇇ 𠂉 ⺮ ⺮ ⺮ 笁 笒 笒 答 答 答
答	答 答 答			回答 回答

hái	辶部	半包围结构	7画	笔顺：一 丆 不 不 不 还 还

还 还 还 还 还是 还是

14 我要的是葫芦

yán	言部	独体结构	7画	笔顺：丶 亠 亠 亖 言 言 言

言 言 言 言 语言 语言

měi	母部	上下结构	7画	笔顺：丿 𠂉 𠂉 𠂉 每 每 每

每 每 每 每 每天 每天

zhì	氵部	左右结构	8画	笔顺：丶 丶 氵 氵 氵 治 治 治

治 治 治 治 治疗 治疗

kē	木部	左右结构	12画	笔顺：一 十 才 木 木 朾 朾 柙 柙 棵 棵 棵

棵 棵 棵 棵 一棵 一棵

guà	扌部	左右结构	9画	笔顺：一 十 扌 扌 扌 扗 挂 挂 挂

挂 挂 挂 挂 挂念 挂念

wa	口部	左右结构	9画	笔顺：丨 口 口 口 叶 吐 哇 哇 哇

哇 哇 哇 哇 哇哇 哇哇

guài	忄部	左右结构	8画	笔顺：丶 丶 忄 忆 怿 怪 怪 怪

怪 怪 怪 怪 责怪 责怪

màn	忄部	左右结构	14画	笔顺：丶 丶 忄 忄 忄 忄 忄 忄 忄 忄 忄 慢 慢 慢

慢 慢 慢 慢 缓慢 缓慢

15 小柳树和小枣树

拼音	部首	结构	笔画	笔顺
zěn	心部	上下结构	9画	ノ 𠂉 ⺈ 乍 乍 乍 怎 怎 怎
sī	心部	上下结构	9画	丨 冂 冂 田 田 田 思 思 思
chuān	穴部	上下结构	9画	丶 丷 宀 宀 穴 穵 穸 穿 穿
wān	弓部	上下结构	9画	丶 亠 亣 亦 亦 亦 弯 弯 弯
bǐ	比部	左右结构	4画	一 上 上 比
fú	月部	左右结构	8画	丿 月 月 月 月 服 服 服
qiǎn	氵部	左右结构	8画	丶 丶 氵 氵 氵 浅 浅 浅
piào	氵部	左右结构	14画	丶 丶 氵 氵 氵 沪 洒 洒 洒 漂 漂 漂 漂 漂
la	口部	左中右结构	11画	丨 口 口 口 叶 吁 吁 吁 咔 啦 啦
a	口部	左中右结构	10画	丨 口 口 口 吓 吓 吓 啊 啊 啊

怎 怎 怎 怎　　怎么 怎么

思 思 思 思　　思考 思考

穿 穿 穿 穿　　穿衣 穿衣

弯 弯 弯 弯　　弯曲 弯曲

比 比 比 比　　比较 比较

服 服 服 服　　服从 服从

浅 浅 浅 浅　　深浅 深浅

漂 漂 漂 漂　　漂亮 漂亮

啦 啦 啦 啦　　走啦 走啦

啊 啊 啊 啊　　好啊 好啊

16 风娃娃

拼音	部首	结构	笔画	笔顺	范字	词语
fū	一部	独体结构	4画	笔顺：一 二 夫 夫	夫	大夫
biǎo	一部	上下结构	8画	笔顺：一 = 丰 丰 声 表 表 表	表	表现
shì	示部	上下结构	5画	笔顺：一 二 亍 亓 示	示	显示
hào	口部	上下结构	5画	笔顺：丨 口 口 旦 号	号	号召
hàn	氵部	左右结构	6画	笔顺：丶 丶 氵 氵 汁 汗	汗	汗水
shāng	亻部	左右结构	6画	笔顺：丿 亻 亻 亻 伤 伤	伤	伤心
xī	口部	左右结构	6画	笔顺：丨 口 口 叨 叨 吸	吸	呼吸
jí	木部	左右结构	7画	笔顺：一 十 才 木 朾 杈 极	极	积极

17 酸的和甜的

拼音	部首	结构	笔画	笔顺	范字	词语
chuàn	丨部	独体结构	7画	笔顺：丨 口 口 吕 吕 吕 串	串	串通

评一评：☆ ☆ ☆

tù	⺈部	上下结构	8画	笔顺：丿 ⺈ ⺈ ⺈ ⺈ 免 免 免
兔	兔 兔 兔			兔子 兔子
gào	口部	上下结构	7画	笔顺：丿 ⺧ 牛 生 牛 告 告
告	告 告 告			告别 告别
sù	讠部	左右结构	7画	笔顺：丶 讠 讠 订 讶 诉 诉
诉	诉 诉 诉			告诉 告诉
hú	犭部	左右结构	8画	笔顺：丿 犭 犭 犭 犭 狐 狐 狐
狐	狐 狐 狐			狐狸 狐狸
lí	犭部	左右结构	10画	笔顺：丿 犭 犭 犭 狗 狗 狙 狸 狸 狸
狸	狸 狸 狸			狸猫 狸猫
hóu	犭部	左右结构	12画	笔顺：丿 犭 犭 犭 犭 犭 犭 犭 犭 猴 猴 猴
猴	猴 猴 猴			猴子 猴子
kē	页部	左右结构	14画	笔顺：丨 冂 日 日 旦 甲 果 果 果 果 颗 颗 颗 颗
颗	颗 颗 颗			颗粒 颗粒

识 字 5

jīn	斤部	独体结构	4画	笔顺：丿 厂 斤 斤
斤	斤 斤 斤			半斤 半斤
zhé	扌部	左右结构	7画	笔顺：一 十 扌 扌 扩 折 折
折	折 折 折			折磨 折磨
tiāo	扌部	左右结构	9画	笔顺：一 十 扌 扌 扌 扌 挑 挑 挑
挑	挑 挑 挑			挑选 挑选

gēn	木部	左右结构	10画	笔顺：一 十 才 木 朻 朻 村 相 根 根
根	根 根 根			根本 根本

dú	犭部	左右结构	9画	笔顺：丿 犭 犭 犭 犳 犳 独 独 独
独	独 独 独			独自 独自

mǎn	氵部	左右结构	13画	笔顺：丶 丶 氵 氵 氵 汁 汁 洪 浒 渆 满 满 满
满	满 满 满			满意 满意

róng	宀部	上下结构	10画	笔顺：丶 丶 宀 宀 宀 穴 穴 宊 容 容
容	容 容 容			容易 容易

yì	日部	上下结构	8画	笔顺：丨 冂 日 日 月 号 号 易
易	易 易 易			轻易 轻易

18 称 赞

cǎi	爫部	上下结构	8画	笔顺：丿 丿 丿 爫 爫 平 采 采
采	采 采 采			采集 采集

bēi	月部	上下结构	9画	笔顺：丨 丬 丬 丬 北 北 背 背 背
背	背 背 背			背面 背面

bǎn	木部	左右结构	8画	笔顺：一 十 才 木 朾 朾 析 板
板	板 板 板			板凳 板凳

yǐ	木部	左右结构	12画	笔顺：一 十 才 木 朩 杧 杧 柨 柨 椅 椅 椅
椅	椅 椅 椅			椅子 椅子

dàn	亻部	左右结构	7画	笔顺：丿 亻 亻 们 伯 伯 但
但	但 但 但			但是 但是

评一评：☆ ☆ ☆

bàng	亻部	左右结构	12画	笔顺：丿 亻 亻 亻 亻 亻 亻 亻 倅 倅 傍 傍

傍 傍 傍 傍 　 　 　 傍 晚 傍 晚

qīng	氵部	左右结构	11画	笔顺：丶 丶 氵 氵 氵 氵 沣 沣 清 清 清

清 清 清 清 　 　 　 清 晨 清 晨

xiāo	氵部	左右结构	10画	笔顺：丶 丶 氵 氵 氵 氵 氵 消 消 消

消 消 消 消 　 　 　 消 化 消 化

19 蓝色的树叶

yóu	丨部	独体结构	5画	笔顺：丨 冂 曰 由 由

由 由 由 由 　 　 　 由 于 由 于

shù	木部	独体结构	5画	笔顺：一 十 才 木 术

术 术 术 术 　 　 　 美 术 美 术

tǔ	口部	左右结构	6画	笔顺：丨 口 口 口一 叶 吐

吐 吐 吐 吐 　 　 　 吐 痰 吐 痰

zhù	氵部	左右结构	8画	笔顺：丶 丶 氵 氵 氵 氵 汼 注

注 注 注 注 　 　 　 注 意 注 意

kè	讠部	左右结构	10画	笔顺：丶 讠 讠 讠 讠 讠 诨 课 课 课

课 课 课 课 　 　 　 上 课 上 课

qiān	钅部	左右结构	10画	笔顺：丿 ᐟ 𠂉 乍 钅 钅 钅 钅 铅 铅

铅 铅 铅 铅 　 　 　 铅 笔 铅 笔

bǐ	竹部	上下结构	10画	笔顺：丿 𠂉 𠂉 𥫗 𥫗 𥫗 笁 笁 竺 笔

笔 笔 笔 笔 　 　 　 毛 笔 毛 笔

zhuō	木部	上下结构	10画	笔顺：丨 卜 ⺊ 占 卢 卤 卓 卓 桌 桌

桌	桌	桌	桌				课	桌	课	桌

jǐng	日部	上下结构	12画	笔顺：丨 冂 日 日 旦 早 早 몸 景 景 景 景

景	景	景	景				景	色	景	色

ná	手部	上下结构	10画	笔顺：丿 人 亼 亼 合 合 拿 拿 拿 拿

拿	拿	拿	拿				拿	起	拿	起

20 纸船和风筝

huài	土部	左右结构	7画	笔顺：一 十 土 圹 圹 坏 坏

坏	坏	坏	坏				破	坏	破	坏

sōng	木部	左右结构	8画	笔顺：一 十 才 木 朩 杦 松 松

松	松	松	松				松	树	松	树

zā	扌部	左右结构	4画	笔顺：一 十 扌 扎

扎	扎	扎	扎				包	扎	包	扎

zhuā	扌部	左右结构	7画	笔顺：一 十 扌 扌 扩 扴 抓

抓	抓	抓	抓				抓	紧	抓	紧

zhù	礻部	左右结构	9画	笔顺：丶 ㇇ 礻 礻 礻 祀 祀 祝 祝

祝	祝	祝	祝				庆	祝	庆	祝

fú	礻部	左右结构	13画	笔顺：丶 ㇇ 礻 礻 礻 礻 祀 祀 祀 福 福 福 福

福	福	福	福				幸	福	幸	福

jù	勹部	半包围结构	5画	笔顺：丿 勹 勺 句 句

句	句	句	句				语	句	语	句

评一评：

xìng	土部	上下结构	8画	笔顺：一 十 土 土 击 击 查 幸

幸 幸 幸 幸 幸运 幸运

21 从现在开始

zhī	丶部	独体结构	3画	笔顺：丶 ㇇ 之

之 之 之 之 之后 之后

lìng	人部	上下结构	5画	笔顺：丿 人 亽 今 令

令 令 令 令 命令 命令

bù	巾部	半包围结构	5画	笔顺：一 ナ 才 右 布

布 布 布 布 布置 布置

zhí	十部	上下结构	8画	笔顺：一 十 广 古 有 有 直 直

直 直 直 直 笔直 笔直

dāng	⺌部	上下结构	6画	笔顺：丨 ⺌ ⺌ 当 当 当

当 当 当 当 当做 当做

dì	竹部	上下结构	11画	笔顺：丿 ㇒ ⺮ ⺮ ⺮ ⺮ 笃 笃 笃 第 第

第 第 第 第 第一 第一

xiàn	王部	左右结构	8画	笔顺：一 二 千 王 玎 玑 珋 现

现 现 现 现 现实 现实

qī	月部	左右结构	12画	笔顺：一 十 廿 廿 甘 甘 其 其 期 期 期 期

期 期 期 期 期望 期望

lún	车部	左右结构	8画	笔顺：一 𠂇 车 车 轮 轮 轮 轮

轮 轮 轮 轮 轮船 轮船

lù	𧾷部	左右结构	13画	笔顺：丨 ㄇ 口 𠮛 𧾷 𧾷 𧾷 𧾷 趵 趵 趵 路 路

路 路 路 路 　 　 　 　 公 路 公 路

识字 6

chǒu	乛部	独体结构	4画	笔顺：𠃍 刀 丑 丑

丑 丑 丑 丑 　 　 　 　 丑 恶 丑 恶

yǒng	丶部	独体结构	5画	笔顺：丶 亅 刁 永 永

永 永 永 永 　 　 　 　 永 远 永 远

jī	饣部	左右结构	5画	笔顺：丿 𠂊 饣 饥 饥

饥 饥 饥 饥 　 　 　 　 饥 饿 饥 饿

bǎo	饣部	左右结构	8画	笔顺：丿 𠂊 饣 饣 饣 饣 饱 饱

饱 饱 饱 饱 　 　 　 　 饱 满 饱 满

wēn	氵部	左右结构	12画	笔顺：丶 丶 氵 氵 氵 氵 氵 氵 温 温 温 温

温 温 温 温 　 　 　 　 温 度 温 度

nuǎn	日部	左右结构	13画	笔顺：丨 冂 日 日 日 日 日 日 日 日 暖 暖 暖

暖 暖 暖 暖 　 　 　 　 暖 和 暖 和

pín	贝部	上下结构	8画	笔顺：丿 八 分 分 分 贫 贫 贫

贫 贫 贫 贫 　 　 　 　 贫 困 贫 困

fù	宀部	上下结构	12画	笔顺：丶 丶 宀 宀 宀 宀 宀 宀 富 富 富 富

富 富 富 富 　 　 　 　 丰 富 丰 富

22 窗前的气球

hù	户部	独体结构	4画	笔顺：丶 ㇇ ㇇ 户

户 户 户 户　　　户 外 户 外

yà	一部	独体结构	6画	笔顺：一 丅 亚 亚 亚 亚

亚 亚 亚 亚　　　亚 军 亚 军

jiǎo	⺈部	上下结构	7画	笔顺：丿 ⺈ 仒 角 角 角 角

角 角 角 角　　　角 落 角 落

zhōu	冂部	半包围结构	8画	笔顺：丿 冂 冂 冃 冃 周 周 周

周 周 周 周　　　周 边 周 边

chuáng	广部	半包围结构	7画	笔顺：丶 亠 广 庀 庄 床 床

床 床 床 床　　　床 单 床 单

bìng	疒部	半包围结构	10画	笔顺：丶 亠 广 疒 疒 疒 疒 病 病 病

病 病 病 病　　　治 病 治 病

shǐ	女部	左右结构	8画	笔顺：𡿨 女 女 女 如 始 始 始

始 始 始 始　　　始 终 始 终

zhāng	弓部	左右结构	7画	笔顺：㇆ ㇇ 弓 弓 弘 张 张

张 张 张 张　　　张 开 张 开

23 假　如

xún	寸部	上下结构	6画	笔顺：㇆ ⺕ 彐 寻 寻 寻

寻 寻 寻 寻　　　寻 找 寻 找

kū　犬部　上下结构　10画　笔顺：丶 口 口 口 吅 吅 吅 哭 哭 哭

哭 哭 哭 哭　　哭泣 哭泣

liáng　丶部　独体结构　7画　笔顺：丶 ㇇ 彐 彐 艮 良 良

良 良 良 良　　善良 善良

shí　人部　上下结构　9画　笔顺：丿 人 人 今 今 今 食 食 食

食 食 食 食　　食物 食物

shuāng　又部　左右结构　4画　笔顺：フ 又 双 双

双 双 双 双　　双手 双手

tǐ　亻部　左右结构　7画　笔顺：丿 亻 仁 仛 休 休 体

体 体 体 体　　身体 身体

cāo　扌部　左右结构　16画　笔顺：一 十 扌 扌 扩 护 护 护 护 护 掃 掃 操 操 操 操

操 操 操 操　　操场 操场

chǎng　土部　左右结构　6画　笔顺：一 十 土 场 场 场

场 场 场 场　　广场 广场

24 日记两则

fèn　亻部　左右结构　6画　笔顺：丿 亻 仒 份 份 份

份 份 份 份　　年份 年份

fěn　米部　左右结构　10画　笔顺：丶 丷 䒑 半 米 米 籶 粉 粉 粉

粉 粉 粉 粉　　粉色 粉色

zuó　日部　左右结构　9画　笔顺：丨 冂 日 日 旷 昨 昨 昨 昨

昨 昨 昨 昨　　昨天 昨天

评一评：

qíng 日部 左右结构 12画 笔顺：丨 冂 冃 日 日一 日= 日丰 日圭 日青 晴 晴 晴

晴 晴 晴 晴 晴 朗 晴 朗

gū 女部 左右结构 8画 笔顺：𡿨 女 女 女一 女十 姑 姑 姑

姑 姑 姑 姑 姑 娘 姑 娘

niáng 女部 左右结构 10画 笔顺：𡿨 女 女 女丶 女ㄋ 女ㄋ 女ㄋ 娘 娘 娘

娘 娘 娘 娘 大 娘 大 娘

mèi 女部 左右结构 8画 笔顺：𡿨 女 女 女一 女二 妹 妹 妹

妹 妹 妹 妹 姐 妹 姐 妹

dú 讠部 左右结构 10画 笔顺：丶 讠 讠一 讠十 讠士 讠士 讠士 读 读 读

读 读 读 读 朗 读 朗 读

25 古诗两首

zhōu 舟部 独体结构 6画 笔顺：丿 丿 介 介 舟 舟

舟 舟 舟 舟 小 舟 小 舟

chéng 禾部 独体结构 10画 笔顺：一 二 千 千 千 千 乖 乖 乘 乘

乘 乘 乘 乘 乘 法 乘 法

yīn 立部 上下结构 9画 笔顺：丶 亠 亠 亠 立 音 音 音 音

音 音 音 音 声 音 声 音

kè 宀部 上下结构 9画 笔顺：丶 丶 宀 宀 宀 安 客 客 客

客 客 客 客 客 人 客 人

hé 亻部 左右结构 7画 笔顺：丿 亻 亻一 亻一 何 何 何

何 何 何 何 任 何 任 何

wāng	氵部	左右结构	7画	笔顺：丶 丶 氵 氵 汀 汗 汪

汪 汪 汪 汪　　汪洋 汪洋

识字 7

cóng	一部	上下结构	5画	笔顺：丿 人 从 从 丛

丛 丛 丛 丛　　草丛 草丛

láo	宀部	上下结构	7画	笔顺：丶 丶 宀 宀 宀 宀 牢

牢 牢 牢 牢　　牢记 牢记

pāi	扌部	左右结构	8画	笔顺：一 十 扌 扌 扌 拍 拍 拍

拍 拍 拍 拍　　拍手 拍手

hù	扌部	左右结构	7画	笔顺：一 十 扌 扌 扩 护 护

护 护 护 护　　爱护 爱护

bǎo	亻部	左右结构	9画	笔顺：丿 亻 亻 亻 伫 伫 保 保 保

保 保 保 保　　保留 保留

wù	牛部	左右结构	8画	笔顺：丿 𠂉 牛 牛 牜 物 物 物

物 物 物 物　　动物 动物

jī	又部	左右结构	7画	笔顺：フ 又 又 对 鸡 鸡 鸡

鸡 鸡 鸡 鸡　　小鸡 小鸡

māo	犭部	左右结构	11画	笔顺：丿 犭 犭 犭 犭 犭 犭 猎 猎 猫 猫

猫 猫 猫 猫　　花猫 花猫

26 “红领巾”真好

yǔ	羽部	左右结构	6画	笔顺：丁 习 习 羽 羽 羽
羽	羽	羽	羽	羽毛 羽毛

lǐng	页部	左右结构	11画	笔顺：丿 𠆢 𠆢 今 今 令 令 领 领 领 领
领	领	领	领	带领 带领

zhuō	扌部	左右结构	10画	笔顺：一 十 扌 扌 扌 扌 扌 扌 扌 捉
捉	捉	捉	捉	捉住 捉住

lǐ	王部	左右结构	11画	笔顺：一 二 千 王 王 玑 玑 珂 珂 理 理
理	理	理	理	理由 理由

yuè	⻊部	左右结构	11画	笔顺：丶 口 口 早 早 𧾷 𧾷 趵 趵 跃 跃
跃	跃	跃	跃	飞跃 飞跃

bèng	⻊部	左右结构	18画	笔顺：丶 口 口 早 早 𧾷 𧾷 𧾷 𧾷 𧾷 𧾷 𧾷 𧾷 蹦 蹦 蹦 蹦 蹦
蹦	蹦	蹦	蹦	蹦跳 蹦跳

líng	火部	上下结构	7画	笔顺：フ ヨ ヨ ヨ ヨ 灵 灵
灵	灵	灵	灵	灵活 灵活

chén	日部	上下结构	11画	笔顺：丶 口 日 日 旦 尸 尸 尸 层 晨 晨
晨	晨	晨	晨	早晨 早晨

27 清澈的湖水

shī	丿部	独体结构	5画	笔顺：丿 ㇐ 二 失 失
失	失	失	失	失望 失望

jué 见部 上下结构 9画 笔顺：丶 丷 丷 ⺌ 𰀁 ⺍ 觉 觉 觉

觉 觉 觉 觉 感 觉 感 觉

rēng 扌部 左右结构 5画 笔顺：一 十 扌 扔 扔

扔 扔 扔 扔 扔 掉 扔 掉

diào 扌部 左右结构 11画 笔顺：一 十 扌 扌 扌 扌 扌 护 护 掉 掉

掉 掉 掉 掉 掉 队 掉 队

yǎn 目部 左右结构 11画 笔顺：丨 冂 冂 月 目 目 目 目 眼 眼 眼

眼 眼 眼 眼 眼 泪 眼 泪

jīng 目部 左右结构 13画 笔顺：丨 冂 冂 月 目 目 目 目 目 目 睛 睛 睛

睛 睛 睛 睛 眼 睛 眼 睛

zhǐ 纟部 左右结构 7画 笔顺：乙 乡 纟 纟 纤 纸 纸

纸 纸 纸 纸 纸 张 纸 张

chuán 舟部 左右结构 11画 笔顺：丿 丿 力 片 舟 舟 舟 舡 舡 船 船

船 船 船 船 小 船 小 船

28 浅水洼里的小鱼

jiǔ 丿部 独体结构 3画 笔顺：丿 ク 久

久 久 久 久 久 远 久 远

hū 丿部 独体结构 5画 笔顺：一 一 二 乎 乎

乎 乎 乎 乎 几 乎 几 乎

zhì 土部 上下结构 6画 笔顺：一 工 工 云 至 至

至 至 至 至 至 少 至 少

sǐ 一部 上下结构 6画 笔顺：一 厂 歹 歹 歹 死

死 死 死 死 生 死 生 死

yāo 月部 左右结构 13画 笔顺：丿 月 月 月 月 月 肝 肝 腰 腰 腰 腰 腰

腰 腰 腰 腰 弯 腰 弯 腰

jiǎn 扌部 左右结构 10画 笔顺：一 十 扌 扌 扌 抡 拎 拎 捡 捡

捡 捡 捡 捡 捡 起 捡 起

lì 米部 左右结构 11画 笔顺：丶 丷 丷 半 米 米 米 籵 籵 粒 粒

粒 粒 粒 粒 米 粒 米 粒

bèi 衤部 左右结构 10画 笔顺：丶 ㇇ 衤 衤 衤 衤 衤 衤 被 被

被 被 被 被 被 动 被 动

29 父亲和鸟

bìng 丷部 上下结构 6画 笔顺：丶 丷 丷 兰 并 并

并 并 并 并 合 并 合 并

yè 亠部 上下结构 8画 笔顺：丶 亠 广 广 疒 疒 夜 夜

夜 夜 夜 夜 夜 晚 夜 晚

xǐ 土部 上中下结构 12画 笔顺：一 十 士 士 吉 吉 吉 吉 壴 壴 喜 喜

喜 喜 喜 喜 喜 欢 喜 欢

zhòng 丿部 独体结构 9画 笔顺：一 二 千 千 台 台 甘 重 重

重 重 重 重 重 要 重 要

wèi 口部 左右结构 8画 笔顺：丨 口 口 口 口 吽 味 味

味 味 味 味 味 道 味 道

qīng	车部	左右结构	9画	笔顺：一 ㇀ 㐄 车 车 轩 轻 轻 轻
轻	轻 轻 轻			轻松 轻松

kè	刂部	左右结构	8画	笔顺：丶 亠 亠 亥 亥 亥 刻 刻
刻	刻 刻 刻			刻苦 刻苦

qún	羊部	左右结构	13画	笔顺：㇕ ㇕ 彐 尹 尹 君 君 君 君 君 群 群 群
群	群 群 群			群众 群众

识 字 8

wèi	㔾部	独体结构	3画	笔顺：㇆ 卩 卫
卫	卫 卫 卫			卫生 卫生

yùn	辶部	半包围结构	7画	笔顺：一 二 云 云 运 运 运
运	运 运 运			运动 运动

yǔ	宀部	上下结构	6画	笔顺：丶 丶 宀 宀 宇 宇
宇	宇 宇 宇			宇航 宇航

zhòu	宀部	上下结构	8画	笔顺：丶 丶 宀 宀 宁 宙 宙 宙
宙	宙 宙 宙			宇宙 宇宙

háng	舟部	左右结构	10画	笔顺：丿 丿 月 月 舟 舟 舟 舟 舡 航
航	航 航 航			航空 航空

jiàn	舟部	左右结构	10画	笔顺：丿 丿 月 月 舟 舟 舟 舡 舰 舰
舰	舰 舰 舰			舰队 舰队

30 我是什么

chōng	冫部	左右结构	6画	笔顺：丶 冫 冫 冲 冲 冲
冲	冲 冲 冲			冲击 冲击

shài	日部	左右结构	10画	笔顺：丨 𠃍 日 日 日一 日丆 晒 晒 晒 晒
晒	晒 晒 晒			晒干 晒干

chí	氵部	左右结构	6画	笔顺：丶 丶 氵 氵 沖 池
池	池 池 池			水池 水池

fú	氵部	左右结构	10画	笔顺：丶 丶 氵 氵 氵 氵 浮 浮 浮 浮
浮	浮 浮 浮			浮现 浮现

zāi	宀部	上下结构	7画	笔顺：丶 丶 宀 宀 宀 宊 灾
灾	灾 灾 灾			灾难 灾难

hài	宀部	上下结构	10画	笔顺：丶 丶 宀 宀 宀 宇 宇 宇 害 害
害	害 害 害			害怕 害怕

hēi	灬部	上下结构	12画	笔顺：丨 冂 冂 冂 回 甲 甲 里 里 黑 黑 黑
黑	黑 黑 黑			黑板 黑板

qì	口部	上中下结构	16画	笔顺：丨 冂 口 口 吅 吅 吅 哭 哭 哭 哭 器 器 器 器 器
器	器 器 器			机器 机器

31 回　声

àn	山部	上下结构	8画	笔顺：丨 山 山 屵 岸 岸 岸 岸
岸	岸 岸 岸			河岸 河岸

wén	纟部	左右结构	7画	笔顺：𠃋 纟 纟 纟 纟 纺 纹							
纹	纹	纹	纹					皱	纹	皱	纹
dòng	氵部	左右结构	9画	笔顺：丶 丶 氵 氵 汀 汩 泂 洞 洞							
洞	洞	洞	洞					山	洞	山	洞
yǐng	彡部	左右结构	15画	笔顺：丨 口 日 日 旦 早 早 昌 昌 景 景 景 景 影 影							
影	影	影	影					影	响	影	响
dào	亻部	左中右结构	10画	笔顺：丿 亻 亻 仁 仁 任 侄 侄 倒 倒							
倒	倒	倒	倒					倒	影	倒	影
yóu	氵部	左中右结构	12画	笔顺：丶 丶 氵 氵 氵 汸 汸 浐 浐 游 游 游							
游	游	游	游					游	泳	游	泳
yuán	口部	全包围结构	10画	笔顺：丨 冂 冂 冃 冃 冃 冃 圆 圆 圆							
圆	圆	圆	圆					团	圆	团	圆
wéi	口部	全包围结构	7画	笔顺：丨 冂 冂 冃 同 围 围							
围	围	围	围					周	围	周	围

32 太空生活趣事多

bēi	木部	左右结构	8画	笔顺：一 十 才 木 木 杉 杯 杯							
杯	杯	杯	杯					杯	子	杯	子
jiàn	亻部	左右结构	6画	笔顺：丿 亻 亻 仁 仁 件							
件	件	件	件					条	件	条	件
zhù	亻部	左右结构	7画	笔顺：丿 亻 亻 亻 仁 住 住							
住	住	住	住					居	住	居	住

xū 彡部 左右结构 9画 笔顺：丿 彡 彡 彡 彡 须 须 须 须

须 须 须 须 必 须 必 须

néng 厶部 左右结构 10画 笔顺：厶 厶 肻 肻 肻 肻 肻 能 能 能

能 能 能 能 能 够 能 够

piāo 风部 左右结构 15画 笔顺：一 一 襾 襾 襾 覀 覀 票 票 票 票 票 飘 飘 飘

飘 飘 飘 飘 飘 落 飘 落

bì 心部 独体结构 5画 笔顺：丶 心 心 必 必

必 必 必 必 必 然 必 然

shì 一部 独体结构 8画 笔顺：一 一 ⺕ ⺕ 亊 亊 亊 事

事 事 事 事 事 故 事 故

33 活化石

lì 厂部 半包围结构 4画 笔顺：一 厂 历 历

历 历 历 历 台 历 台 历

shǐ 口部 独体结构 5画 笔顺：丨 口 口 史 史

史 史 史 史 历 史 历 史

miè 一部 上下结构 5画 笔顺：一 一 一 灭 灭

灭 灭 灭 灭 消 灭 消 灭

kè 十部 上下结构 7画 笔顺：一 十 十 古 古 克 克

克 克 克 克 克 服 克 服

huà 亻部 左右结构 4画 笔顺：丿 亻 化 化

化 化 化 化 文 化 文 化

dài	亻部	左右结构	5画	笔顺：丿 亻 亻 代 代
代	代 代 代			代表 代表

sūn	子部	左右结构	6画	笔顺：乛 了 子 孑 孙 孙
孙	孙 孙 孙			子孙 子孙

zhí	木部	左右结构	12画	笔顺：一 十 才 木 木 朩 杧 枯 枯 植 植 植
植	植 植 植			植物 植物

34 农业的变化真大

chǎng	厂部	独体结构	2画	笔顺：一 厂
厂	厂 厂 厂			工厂 工厂

chǎn	亠部	独体结构	6画	笔顺：丶 亠 亠 立 立 产
产	产 产 产			产生 产生

jiè	人部	上下结构	4画	笔顺：丿 人 介 介
介	介 介 介			介绍 介绍

nóng	冖部	独体结构	6画	笔顺：丶 冖 𠂇 𠂉 农 农
农	农 农 农			农村 农村

kē	禾部	左右结构	9画	笔顺：丿 二 千 禾 禾 禾 禾 科 科
科	科 科 科			科学 科学

jì	扌部	左右结构	7画	笔顺：一 丁 扌 扌 扌 技 技
技	技 技 技			技术 技术

fǎng	纟部	左右结构	7画	笔顺：𠃋 纟 纟 纟 纩 纺 纺
纺	纺 纺 纺			纺织 纺织

1 找春天

tuō	月部	左右结构	11画	笔顺：丿 月 月 月 月' 月'' 月'' 胪 胪 胪 脱
脱	脱 脱 脱		脱 掉 脱 掉	
dòng	冫部	左右结构	7画	笔顺：` 冫 冫 冫 冻 冻 冻
冻	冻 冻 冻		冻 解 冻 解	
xī	氵部	左右结构	13画	笔顺：` ` 氵 氵 氵 氵 氵 氵 氵 溪 溪 溪 溪
溪	溪 溪 溪		小 溪 小 溪	
mián	木部	左右结构	12画	笔顺：一 十 才 木 木 木 朽 柏 柏 柏 棉 棉
棉	棉 棉 棉		棉 衣 棉 衣	
tàn	扌部	左右结构	11画	笔顺：一 十 扌 扌 扌 扌 扌 扌 探 探 探
探	探 探 探		探 头 探 头	
yáo	扌部	左右结构	13画	笔顺：一 十 扌 扌 扌 扌 扌 扌 扌 扌 摇 摇 摇
摇	摇 摇 摇		摇 摆 摇 摆	
yě	里部	左右结构	11画	笔顺：丨 冂 日 日 甲 甲 里 野 野 野 野
野	野 野 野		田 野 田 野	
duǒ	身部	左右结构	13画	笔顺：' 丨 ǐ 白 自 身 身 身 躲 躲 躲 躲 躲
躲	躲 躲 躲		躲 藏 躲 藏	
jiě	角部	左右结构	13画	笔顺：' ⺈ ⺈ 角 角 角 角 角 角 角 解 解 解
解	解 解 解		解 决 解 决	

2 古诗两首

拼音	部首	结构	笔画	笔顺
wèi	木部	独体结构	5画	一 二 丰 未 未
zhuī	辶部	半包围结构	9画	′ 亻 户 𠂤 自 自 ′自 追 追
diàn	广部	半包围结构	8画	丶 亠 广 广 庐 庐 店 店
kū	木部	左右结构	9画	一 十 才 木 木一 杧 村 枯 枯
xú	彳部	左右结构	10画	′ 彡 彳 彳′ 彸 徐 徐 徐 徐 徐
shāo	火部	左右结构	10画	丶 丷 少 火 火 炏 炐 烧 烧 烧
róng	艹部	上下结构	9画	一 十 艹 艹 苎 苎 苧 荣 荣
cài	艹部	上下结构	11画	一 十 艹 艹 艹 苎 苎 苎 苹 菜 菜
sù	宀部	上下结构	11画	丶 丶 宀 宀 宀 宂 宿 宿 宿 宿 宿

生字	描红	描红	描红					词语	词语	描红	描红
未	未	未	未					未	来	未	来
追	追	追	追					追	赶	追	赶
店	店	店	店					商	店	商	店
枯	枯	枯	枯					干	枯	干	枯
徐	徐	徐	徐					徐	徐	徐	徐
烧	烧	烧	烧					烧	水	烧	水
荣	荣	荣	荣					光	荣	光	荣
菜	菜	菜	菜					白	菜	白	菜
宿	宿	宿	宿					宿	舍	宿	舍

评一评：☆ ☆ ☆

3 笋芽儿

gāng　冂部　半包围结构　4画　笔顺：丨 冂 冈 冈

冈 冈 冈 冈　山冈 山冈

shì　一部　独体结构　5画　笔顺：一 十 廾 廿 世

世 世 世 世　世纪 世纪

jiè　田部　上下结构　9画　笔顺：丨 冂 日 田 田 甲 畀 畀 界

界 界 界 界　世界 世界

hōng　车部　上下结构　8画　笔顺：一 𠂉 𠀎 车 轰 轰 轰 轰

轰 轰 轰 轰　轰动 轰动

sǔn　竹部　上下结构　10画　笔顺：丿 𠂉 𥫗 𥫗 𥫗 竹 笋 笋 笋 笋

笋 笋 笋 笋　竹笋 竹笋

yá　艹部　上下结构　7画　笔顺：一 十 艹 艹 芒 芽 芽

芽 芽 芽 芽　发芽 发芽

hǎn　口部　左右结构　12画　笔顺：丨 口 口 口 吖 吁 呀 呀 咸 喊 喊 喊

喊 喊 喊 喊　喊叫 喊叫

hū　口部　左右结构　8画　笔顺：丨 口 口 口 叮 叮 吖 呼

呼 呼 呼 呼　呼吸 呼吸

huàn　口部　左右结构　10画　笔顺：丨 口 口 叮 叮 叮 咍 咍 唤 唤

唤 唤 唤 唤　呼唤 呼唤

4 小鹿的玫瑰花

拼音	部首	结构	笔画	字	词语
dì	丷部	上下结构	7画	弟	兄弟
gē	一部	上下结构	10画	哥	大哥
gū	骨部	上下结构	9画	骨	骨朵
chōu	扌部	左右结构	8画	抽	抽出
guǎi	扌部	左右结构	8画	拐	拐弯
jiāo	氵部	左右结构	9画	浇	浇水
zhōng	纟部	左右结构	8画	终	始终
jìng	青部	左右结构	14画	静	安静
tǎng	身部	左右结构	15画	躺	躺下
xiè	讠部	左中右结构	12画	谢	道谢

jiàn　氵部　左中右结构　11画　笔顺：丶 丶 氵 氵 汴 洴 洊 浒 渐 渐 渐

渐 渐 渐 渐 渐 渐 渐 渐

wēi　彳部　左中右结构　13画　笔顺：丿 丿 彳 彳 彳 彳 彳 彳 徣 徣 徣 微 微

微 微 微 微 微 笑 微 笑

5 泉　水

wǎ　瓦部　独体结构　4画　笔顺：一 丆 瓦 瓦

瓦 瓦 瓦 瓦 瓦 罐 瓦 罐

quán　白部　上下结构　9画　笔顺：丿 亻 白 白 白 身 泉 泉 泉

泉 泉 泉 泉 泉 水 泉 水

rán　灬部　上下结构　12画　笔顺：丿 ク タ 夕 夕 外 外 狄 狄 然 然 然

然 然 然 然 天 然 天 然

jiē　纟部　左右结构　9画　笔顺：𠃋 纟 纟 纟 纡 纡 纡 结 结

结 结 结 结 结 果 结 果

gǔ　月部　左右结构　8画　笔顺：丿 月 月 月 肌 肌 股 股

股 股 股 股 一 股 一 股

cuì　月部　左右结构　10画　笔顺：丿 月 月 月 肜 肜 肸 脆 脆 脆

脆 脆 脆 脆 清 脆 清 脆

tǎ　土部　左右结构　12画　笔顺：一 十 土 圹 圹 圹 圹 垯 垯 塔 塔 塔

塔 塔 塔 塔 水 塔 水 塔

dù　木部　左右结构　7画　笔顺：一 十 才 木 杜 杜 杜

杜 杜 杜 杜 杜 绝 杜 绝

juān	鸟部	左右结构	12画	笔顺：鹃

鹃 鹃 鹃 鹃 　 　 　 杜 鹃 杜 鹃

6 雷锋叔叔，你在哪里

mào	日部	上下结构	9画	笔顺：冒

冒 冒 冒 冒 　 　 　 冒 雨 冒 雨

léi	雨部	上下结构	13画	笔顺：雷

雷 雷 雷 雷 　 　 　 雷 声 雷 声

xū	雨部	上下结构	14画	笔顺：需

需 需 需 需 　 　 　 需 要 需 要

mài	辶部	半包围结构	6画	笔顺：一 丁 万 万 迈 迈

迈 迈 迈 迈 　 　 　 年 迈 年 迈

mí	辶部	半包围结构	9画	笔顺：丶 丷 䒑 半 米 米 迷 迷 迷

迷 迷 迷 迷 　 　 　 迷 路 迷 路

jì	辶部	半包围结构	9画	笔顺：丶 亠 亣 亦 亦 亦 迹 迹 迹

迹 迹 迹 迹 　 　 　 足 迹 足 迹

shū	又部	左右结构	8画	笔顺：丨 卜 上 上 上 尗 叔 叔

叔 叔 叔 叔 　 　 　 叔 叔 叔 叔

fēng	钅部	左右结构	12画	笔顺：锋

锋 锋 锋 锋 　 　 　 锋 利 锋 利

dī	氵部	左右结构	14画	笔顺：丶 丶 氵 滴

滴 滴 滴 滴 　 　 　 雨 滴 雨 滴

sǎ	氵部	左右结构	9画	笔顺：丶 丶 氵 汀 汀 沔 沔 洒 洒
洒	洒 洒 洒			洒水 洒水

ní	氵部	左右结构	8画	笔顺：丶 丶 氵 氵 氵 氵 氵 泥
泥	泥 泥 泥			泥土 泥土

nìng	氵部	左右结构	8画	笔顺：丶 丶 氵 氵 氵 氵 泞 泞
泞	泞 泞 泞			泥泞 泥泞

7 我不是最弱小的

pū	扌部	左右结构	5画	笔顺：一 十 扌 扌 扑
扑	扑 扑 扑			扑灭 扑灭

tuō	扌部	左右结构	6画	笔顺：一 十 扌 扌 扌 托
托	托 托 托			托住 托住

mō	扌部	左右结构	13画	笔顺：一 十 扌 扌 扌 扌 扌 扌 扌 扌 摸 摸 摸
摸	摸 摸 摸			抚摸 抚摸

lì	禾部	左右结构	7画	笔顺：丿 二 千 禾 禾 和 利
利	利 利 利			利用 利用

líng	钅部	左右结构	10画	笔顺：丿 𠂉 𠂉 乍 钅 钅 钤 钤 铃 铃
铃	铃 铃 铃			铃声 铃声

ruò	弓部	左右结构	10画	笔顺：乛 乛 弓 弓 弓 弓 弓 弱 弱 弱
弱	弱 弱 弱			弱小 弱小

mò	木部	独体结构	5画	笔顺：一 二 丰 末 末
末	末 末 末			周末 周末

fēn 艹部 上下结构 7画 笔顺:一 十 卄 艹 芬 芬 芬

芬 芬 芬 芬 芬芳 芬芳

fāng 艹部 上下结构 7画 笔顺:一 十 卄 艹 苎 芳 芳

芳 芳 芳 芳 芳草 芳草

xià 夂部 上下结构 10画 笔顺:一 丆 丆 丙 丙 百 百 頁 夏 夏

夏 夏 夏 夏 夏季 夏季

yīng 广部 半包围结构 7画 笔顺:丶 亠 广 广 庁 应 应

应 应 应 应 应用 应用

gāi 讠部 左右结构 8画 笔顺:丶 讠 讠 讠 讠 该 该 该

该 该 该 该 应该 应该

9 日月潭

dǎo 山部 半包围结构 7画 笔顺:丿 ㇆ ㇆ 鸟 鸟 岛 岛

岛 岛 岛 岛 小岛 小岛

zhǎn 尸部 半包围结构 10画 笔顺:㇆ コ 尸 尸 尸 屈 屈 屏 展 展

展 展 展 展 展现 展现

jiàn 廴部 半包围结构 8画 笔顺:㇆ ⺕ ⺕ ⺕ 聿 聿 建 建

建 建 建 建 建筑 建筑

shā 纟部 左右结构 7画 笔顺:𠃋 纟 纟 纠 纠 纱 纱

纱 纱 纱 纱 纱巾 纱巾

huán 王部 左右结构 8画 笔顺:一 二 千 王 王 玎 玎 环

环 环 环 环 环境 环境

sǎ	氵部	左右结构	9画	笔顺：丶 丶 氵 氵 氵 沂 沔 洒 洒
洒	洒 洒 洒			洒水 洒水

ní	氵部	左右结构	8画	笔顺：丶 丶 氵 氵 沪 沪 沪 泥
泥	泥 泥 泥			泥土 泥土

nìng	氵部	左右结构	8画	笔顺：丶 丶 氵 氵 氵 泞 泞 泞
泞	泞 泞 泞			泥泞 泥泞

7 我不是最弱小的

pū	扌部	左右结构	5画	笔顺：一 十 扌 扌 扑
扑	扑 扑 扑			扑灭 扑灭

tuō	扌部	左右结构	6画	笔顺：一 十 扌 扌 扌 托
托	托 托 托			托住 托住

mō	扌部	左右结构	13画	笔顺：一 十 扌 扌 扌 扌 扌 扌 掸 掸 掸 摸 摸
摸	摸 摸 摸			抚摸 抚摸

lì	禾部	左右结构	7画	笔顺：一 二 千 禾 禾 利 利
利	利 利 利			利用 利用

líng	钅部	左右结构	10画	笔顺：丿 𠂉 𠂉 𠂉 钅 钅 钤 钤 铃 铃
铃	铃 铃 铃			铃声 铃声

ruò	弓部	左右结构	10画	笔顺：乛 乛 弓 弓 弓 弓 弓 弱 弱 弱
弱	弱 弱 弱			弱小 弱小

mò	木部	独体结构	5画	笔顺：一 二 丰 末 末
末	末 末 末			周末 周末

fēn	艹部	上下结构	7画	笔顺：一 十 艹 艹 艾 芬 芬

芬 芬 芬 芬 芬芳 芬芳

fāng	艹部	上下结构	7画	笔顺：一 十 艹 艹 芒 芳 芳

芳 芳 芳 芳 芳草 芳草

xià	夂部	上下结构	10画	笔顺：一 丆 丆 百 百 百 百 夏 夏 夏

夏 夏 夏 夏 夏季 夏季

yīng	广部	半包围结构	7画	笔顺：丶 亠 广 广 广 应 应

应 应 应 应 应用 应用

gāi	讠部	左右结构	8画	笔顺：丶 讠 讠 讠 讠 访 该 该

该 该 该 该 应该 应该

9 日月潭

dǎo	山部	半包围结构	7画	笔顺：丿 ㇀ 乌 乌 鸟 岛 岛

岛 岛 岛 岛 小岛 小岛

zhǎn	尸部	半包围结构	10画	笔顺：㇕ ㇕ 尸 尸 尸 屏 屏 屏 展 展

展 展 展 展 展现 展现

jiàn	廴部	半包围结构	8画	笔顺：㇕ ㇕ 彐 彐 聿 聿 建 建

建 建 建 建 建筑 建筑

shā	纟部	左右结构	7画	笔顺：㇜ 纟 纟 纠 纠 纱 纱

纱 纱 纱 纱 纱巾 纱巾

huán	王部	左右结构	8画	笔顺：一 二 干 王 王 玎 环 环

环 环 环 环 环境 环境

rào	纟部	左右结构	9画	笔顺：㇜ 纟 纟 纟 纟 纟 纟 绕 绕

绕 绕 绕 绕 　　　　 环 绕 环 绕

shèng	月部	左右结构	9画	笔顺：丿 刀 月 月 月 肚 肚 胖 胜

胜 胜 胜 胜 　　　　 胜 利 胜 利

yǐn	阝部	左右结构	11画	笔顺：㇌ 阝 阝 阝 阝 阝 阝 阝 隐 隐 隐

隐 隐 隐 隐 　　　　 隐 约 隐 约

yuē	纟部	左右结构	6画	笔顺：㇜ 纟 纟 纟 约 约

约 约 约 约 　　　　 大 约 大 约

shěng	目部	上下结构	9画	笔顺：丨 小 小 少 少 省 省 省 省

省 省 省 省 　　　　 省 事 省 事

mào	艹部	上下结构	8画	笔顺：一 十 艹 艹 芦 芪 茂 茂

茂 茂 茂 茂 　　　　 茂 盛 茂 盛

shèng	皿部	上下结构	11画	笔顺：一 厂 万 成 成 成 成 盛 盛 盛 盛

盛 盛 盛 盛 　　　　 盛 开 盛 开

10　葡萄沟

wú	口部	上下结构	7画	笔顺：一 丆 五 五 五 吾 吾

吾 吾 吾 吾 　　　　 吾 辈 吾 辈

jì	禾部	上下结构	8画	笔顺：丿 二 千 禾 禾 季 季 季

季 季 季 季 　　　　 季 节 季 节

liú	田部	上下结构	10画	笔顺：丿 ⺈ 卬 卯 卯 卯 留 留 留 留

留 留 留 留 　　　　 留 下 留 下

xìng	木部	上下结构	7画	笔顺：一 十 才 木 木 杏 杏
杏	杏 杏 杏			杏花 杏花

mì	宀部	上下结构	11画	笔顺：丶 丶 宀 宀 宓 宓 宓 宓 宻 密 密
密	密 密 密			茂密 茂密

mì	宀部	上下结构	14画	笔顺：丶 丶 宀 宀 宓 宓 宓 宓 宓 宻 宻 蜜 蜜 蜜
蜜	蜜 蜜 蜜			蜜蜂 蜜蜂

pō	土部	左右结构	8画	笔顺：一 十 土 圵 圵 坡 坡 坡
坡	坡 坡 坡			山坡 山坡

dā	扌部	左右结构	12画	笔顺：一 十 扌 扌 扌 扌 扌 扌 扌 搭 搭 搭
搭	搭 搭 搭			搭架 搭架

zhāi	扌部	左右结构	14画	笔顺：一 十 扌 扌 扌 扌 扌 扌 扌 摘 摘 摘 摘 摘
摘	摘 摘 摘			摘下 摘下

dìng	钅部	左右结构	7画	笔顺：丿 𠂉 𠂉 乍 钅 钉 钉
钉	钉 钉 钉			钉上 钉上

gōu	氵部	左右结构	7画	笔顺：丶 丶 氵 氵 沟 沟 沟
沟	沟 沟 沟			山沟 山沟

gòu	勹部	左右结构	11画	笔顺：丿 勹 句 句 句 句 够 够 够 够 够
够	够 够 够			能够 能够

11 难忘的泼水节

lóng	龙部	独体结构	5画	笔顺：一 ナ 九 龙 龙
龙	龙 龙 龙			龙舟 龙舟

评一评：☆ ☆ ☆

ēn 心部 上下结构 10画 笔顺：丨 冂 冃 冃 冈 因 因 恩 恩 恩

恩 恩 恩 恩 恩情 恩情

shòu 寸部 半包围结构 7画 笔顺：一 二 三 声 夫 寿 寿

寿 寿 寿 寿 长寿 长寿

bǎi 木部 左右结构 9画 笔顺：一 十 才 木 木' 朾 柏 柏 柏

柏 柏 柏 柏 柏树 柏树

pō 氵部 左右结构 8画 笔顺：丶 丶 氵 氵 沙 泼 泼 泼

泼 泼 泼 泼 泼水 泼水

tè 牛部 左右结构 10画 笔顺：丿 ⺈ 牛 牛 牛 牜 牪 特 特 特

特 特 特 特 特别 特别

jìng 攵部 左右结构 12画 笔顺：一 十 廾 廾 艼 芍 苟 苟 苟 苟 敬 敬

敬 敬 敬 敬 敬爱 敬爱

xiān 鱼部 左右结构 14画 笔顺：丿 ⺈ ㇇ 鱼 鱼 鱼 鱼 鱼 鱼 鱼' 鲜 鲜 鲜 鲜

鲜 鲜 鲜 鲜 鲜花 鲜花

jiǎo 月部 左中右结构 11画 笔顺：丿 月 月 月 月 肚 肚 肚 肚 脚 脚

脚 脚 脚 脚 脚步 脚步

dù 广部 半包围结构 9画 笔顺：丶 亠 广 广 庐 庐 庐 度 度

度 度 度 度 过度 过度

fèng 几部 半包围结构 4画 笔顺：丿 几 凤 凤

凤 凤 凤 凤 龙凤 龙凤

huáng	几部	半包围结构	11画	笔顺：丿几凡凡凤凤凤凰凰凰凰

凰 凰 凰 凰 凤 凰 凤 凰

12 北京亮起来了

shù	一部	独体结构	7画	笔顺：一 𠃍 𠃍 𠃍 申 束 束

束 束 束 束 拘 束 拘 束

gōu	勹部	半包围结构	4画	笔顺：丿 勹 勺 勾

勾 勾 勾 勾 勾 画 勾 画

fǔ	广部	半包围结构	8画	笔顺：丶 亠 广 广 庁 庁 府 府

府 府 府 府 政 府 政 府

dān	丷部	上下结构	8画	笔顺：丶 丷 丷 㐅 㐅 当 当 单

单 单 单 单 单 位 单 位

duó	大部	上下结构	6画	笔顺：一 ナ 大 夳 夺 夺

夺 夺 夺 夺 夺 取 夺 取

gōng	宀部	上下结构	9画	笔顺：丶 丶 宀 宀 宀 宀 宫 宫 宫

宫 宫 宫 宫 故 宫 故 宫

bàn	扌部	左右结构	7画	笔顺：一 十 扌 扌 扒 扮 扮

扮 扮 扮 扮 装 扮 装 扮

xióng	隹部	左右结构	12画	笔顺：一 ナ 広 厷 厷 厷 厷 厷 雄 雄 雄 雄

雄 雄 雄 雄 雄 伟 雄 伟

wěi	亻部	左右结构	6画	笔顺：丿 亻 亻 仁 伟 伟

伟 伟 伟 伟 伟 大 伟 大

shuò	火部	左右结构	9画	笔顺：丶 丷 火 火 火 炉 烁 烁 烁
烁	烁 烁 烁			闪烁 闪烁

huī	米部	左右结构	12画	笔顺：丨 丨 业 业 半 光 光 光 光 辉 辉 辉
辉	辉 辉 辉			光辉 光辉

huáng	火部	左右结构	13画	笔顺：丶 丷 火 火 火 炉 炉 炉 炉 煌 煌 煌 煌
煌	煌 煌 煌			辉煌 辉煌

13 动手做做看

lìng	口部	上下结构	5画	笔顺：丨 冂 口 号 另
另	另 另 另			另外 另外

zhì	心部	上下结构	7画	笔顺：一 十 士 志 志 志 志
志	志 志 志			志向 志向

tí	页部	半包围结构	15画	笔顺：丨 冂 日 日 旦 早 早 是 是 是 是 是 题 题 题
题	题 题 题			问题 问题

tí	扌部	左右结构	12画	笔顺：一 十 扌 扌 扣 押 押 捍 捍 捍 提 提
提	提 提 提			提出 提出

màn	氵部	左右结构	14画	笔顺：丶 丶 氵 氵 汨 汨 汨 渭 渭 渭 渭 漫 漫 漫
漫	漫 漫 漫			漫画 漫画

lǎng	月部	左右结构	10画	笔顺：丶 亠 彐 彐 良 良 良 朗 朗 朗
朗	朗 朗 朗			朗读 朗读

hǒng	口部	左右结构	9画	笔顺：丨 冂 口 口 叶 吽 哄 哄 哄
哄	哄 哄 哄			哄骗 哄骗

hē	口部	左右结构	12画	笔顺：丨 𠃍 口 口丨 口冂 口冃 口日 口曰 口𠃌 喝 喝 喝
喝				喝水

piàn	马部	左右结构	12画	笔顺：㇆ 马 马 马丶 马𠃍 马户 驴 驴 骗 骗 骗 骗
骗				骗人

14 邮票齿孔的故事

dāo	刀部	独体结构	2画	笔顺：㇆ 刀
刀				刀子

ěr	小部	独体结构	5画	笔顺：丿 𠂊 𠂉 尔 尔
尔				偶尔

qiú	一部	独体结构	7画	笔顺：一 十 寸 才 求 求 求
求				请求

réng	亻部	左右结构	4画	笔顺：丿 亻 仍 仍
仍				仍然

shǐ	亻部	左右结构	8画	笔顺：丿 亻 亻一 亻𠂇 亻𠂉 仨 使 使
使				使用

biàn	亻部	左右结构	9画	笔顺：丿 亻 亻一 亻𠂇 佰 佰 佰 便 便
便				方便

yīng	艹部	上下结构	8画	笔顺：一 十 艹 艹 艹 苎 英 英
英				英雄

piào	西部	上下结构	11画	笔顺：一 丆 丙 丙 西 西 覀 覀 票 票 票
票				邮票

评一评：☆ ☆ ☆

zhěng 一部 上下结构 16画 笔顺：一 𠃍 ... 整

整 整 整 整 整齐 整齐

shì 工部 半包围结构 6画 笔顺：一 二 三 式 式 式

式 式 式 式 方式 方式

ér 一部 独体结构 6画 笔顺：一 𠃌 ... 而 而

而 而 而 而 而且 而且

qiě 丨部 独体结构 5画 笔顺：丨 ... 月 且

且 且 且 且 暂且 暂且

15 画 风

dān 丿部 独体结构 4画 笔顺：丿 ... 丹

丹 丹 丹 丹 丹心 丹心

wū 丿部 独体结构 4画 笔顺：... 乌 乌

乌 乌 乌 乌 乌云 乌云

yì 艹部 上下结构 4画 笔顺：一 十 艹 艺

艺 艺 艺 艺 文艺 文艺

xiǎn 日部 上下结构 9画 笔顺：... 显

显 显 显 显 显示 显示

hū 心部 上下结构 8画 笔顺：... 忽 忽 忽

忽 忽 忽 忽 忽然 忽然

sī 一部 上下结构 5画 笔顺：... 丝 丝

丝 丝 丝 丝 雨丝 雨丝

gān	木部	左右结构	7画	笔顺：一 十 才 木 木 杆 杆
杆	杆 杆 杆			旗杆 旗杆

zhǎ	目部	左右结构	9画	笔顺：丨 П 月 目 目 目 眨 眨 眨
眨	眨 眨 眨			眨眼 眨眼

tāo	氵部	左右结构	10画	笔顺：丶 丶 氵 氵 氵 涛 涛 涛 涛 涛
涛	涛 涛 涛			波涛 波涛

chén	阝部	左右结构	7画	笔顺：阝 阝 阝 阼 阵 陈 陈
陈	陈 陈 陈			陈旧 陈旧

zhuàn	车部	左右结构	8画	笔顺：一 𠃊 车 车 车 车 转 转
转	转 转 转			转动 转动

xié	斗部	左右结构	11画	笔顺：丿 人 亼 今 令 余 余 余 余 斜 斜
斜	斜 斜 斜			斜阳 斜阳

17 古诗两首

wú	口部	上下结构	7画	笔顺：丨 П 口 旦 旦 吴 吴
吴	吴 吴 吴			姓吴 姓吴

hán	口部	上下结构	7画	笔顺：丿 人 人 今 今 含 含
含	含 含 含			含义 含义

chuāng	穴部	上下结构	12画	笔顺：丶 丷 宀 穴 穴 穴 窗 窗 窗 窗 窗 窗
窗	窗 窗 窗			窗户 窗户

lú	火部	左右结构	8画	笔顺：丶 丷 少 火 火 炉 炉 炉
炉	炉 炉 炉			炉子 炉子

评一评：

lǐng	山部	左右结构	8画	笔顺：丨 ㇄ 山 山' 山^ 岭 岭 岭	岭 岭 岭 岭 山岭 山岭
míng	口部	左右结构	8画	笔顺：丨 口 口 口' 口勹 口乌 鸣 鸣	鸣 鸣 鸣 鸣 鸣叫 鸣叫
jué	纟部	左右结构	9画	笔顺：㇐ 纟 纟 纟' 纟⺈ 纟⺈ 纟⺈ 绝 绝	绝 绝 绝 绝 绝对 绝对
yín	钅部	左右结构	11画	笔顺：丿 ㇐ ㇐ 乍 钅 钅 钅 钅 钅 银 银	银 银 银 银 银色 银色
yān	火部	左右结构	10画	笔顺：丶 丷 ⺌ 火 火 灯 炯 烟 烟 烟	烟 烟 烟 烟 烟火 烟火
bó	氵部	左右结构	8画	笔顺：丶 丶 氵 氵' 氵 泊 泊 泊	泊 泊 泊 泊 停泊 停泊
liú	氵部	左右结构	10画	笔顺：丶 丶 氵 氵 氵 氵 浐 浐 流 流	流 流 流 流 流动 流动
liǔ	木部	左右结构	9画	笔顺：一 十 才 木 木' 木 柯 柳 柳	柳 柳 柳 柳 柳树 柳树

18 雷　雨

chuí	丿部	独体结构	8画	笔顺：丿 二 千 千 千 垂 垂 垂	垂 垂 垂 垂 垂直 垂直
luàn	舌部	左右结构	7画	笔顺：丿 二 千 千 舌 舌 乱	乱 乱 乱 乱 乱摆 乱摆

chén	氵部	左右结构	7画	笔顺：丶 丶 氵 氵 沪 沉 沉

沉 沉 沉 沉 沉重 沉重

yā	厂部	半包围结构	6画	笔顺：一 厂 厂 厈 压 压

压 压 压 压 压迫 压迫

táo	辶部	半包围结构	9画	笔顺：丿 丿 扌 兆 兆 兆 逃 逃 逃

逃 逃 逃 逃 逃跑 逃跑

yuè	走部	半包围结构	12画	笔顺：一 十 土 丰 丰 走 走 走 走 越 越 越

越 越 越 越 越过 越过

zhèn	阝部	左右结构	6画	笔顺：阝 阝 阝 阵 阵 阵

阵 阵 阵 阵 阵风 阵风

cǎi	彡部	左右结构	11画	笔顺：丿 丿 丿 丿 丿 乎 采 采 采 彩 彩

彩 彩 彩 彩 彩色 彩色

hóng	虫部	左右结构	9画	笔顺：丨 口 口 中 虫 虫 虫 虹 虹

虹 虹 虹 虹 彩虹 彩虹

chán	虫部	左右结构	14画	笔顺：丨 口 口 中 虫 虫 虫 虫 虫 蚄 蚄 蝉 蝉 蝉

蝉 蝉 蝉 蝉 蝉鸣 蝉鸣

zhī	虫部	左中右结构	14画	笔顺：丨 口 口 中 虫 虫 虫 虫 蚝 蚄 蛛 蜘 蜘 蜘

蜘 蜘 蜘 蜘 蜘蛛 蜘蛛

zhū	虫部	左右结构	12画	笔顺：丨 口 口 中 虫 虫 虫 虫 虫 蚌 蛛 蛛

蛛 蛛 蛛 蛛 蛛网 蛛网

19 最大的“书”

拼音	部首	结构	笔画	笔顺
cè	一部	独体结构	5画	笔顺：丿 刀 刀 冂 册
yán	山部	上下结构	8画	笔顺：丨 山 山 屵 岸 岩 岩 岩
bǎo	宀部	上下结构	8画	笔顺：丶 丶 宀 宀 宇 宇 宝 宝
pā	⻊部	左右结构	9画	笔顺：丨 口 口 𠯑 𧾷 𧾷 𧾷 趴 趴
yìn	卩部	左右结构	5画	笔顺：丿 𠂆 ⺊ 印 印
páo	刂部	左右结构	7画	笔顺：丿 勹 匀 包 包 刨 刨
mái	土部	左右结构	10画	笔顺：一 十 土 坦 坦 坦 坦 埋 埋 埋
lù	阝部	左右结构	7画	笔顺：𠃌 阝 阝 阝 阡 陆 陆
tiě	钅部	左右结构	10画	笔顺：丿 𠂉 𠂉 𠂉 钅 钅 钅 钅 铁 铁
zhì	贝部	半包围结构	8画	笔顺：一 厂 厂 厂 斤 质 质 质

例字	描红	描红	描红	练写	练写	练写	词语	词语	词语	词语
册	册	册	册				画	册	画	册
岩	岩	岩	岩				岩	石	岩	石
宝	宝	宝	宝				宝	贝	宝	贝
趴	趴	趴	趴				趴	下	趴	下
印	印	印	印				脚	印	脚	印
刨	刨	刨	刨				刨	土	刨	土
埋	埋	埋	埋				埋	藏	埋	藏
陆	陆	陆	陆				陆	地	陆	地
铁	铁	铁	铁				铁	矿	铁	矿
质	质	质	质				地	质	地	质

hòu	厂部	半包围结构	9画	笔顺：一 厂 厂 厂 戸 戸 戸 厚 厚

厚 厚 厚 厚 厚 度 厚 度

dǐ	广部	半包围结构	8画	笔顺：丶 亠 广 广 庀 庀 底 底

底 底 底 底 海 底 海 底

20 要是你在野外迷了路

zhōng	心部	上下结构	8画	笔顺：丨 口 口 中 中 忠 忠 忠

忠 忠 忠 忠 忠 诚 忠 诚

dǎo	寸部	上下结构	6画	笔顺：㇆ コ 巳 巳 导 导

导 导 导 导 向 导 向 导

zhǎn	皿部	上下结构	10画	笔顺：一 二 戋 戋 戋 戋 盏 盏 盏 盏

盏 盏 盏 盏 一 盏 一 盏

jī	禾部	左右结构	10画	笔顺：丿 二 千 禾 禾 和 和 和 积 积

积 积 积 积 积 雪 积 雪

chóu	禾部	左右结构	13画	笔顺：丿 二 千 禾 禾 利 稠 稠 稠 稠 稠 稠 稠

稠 稠 稠 稠 稠 密 稠 密

xī	禾部	左右结构	12画	笔顺：丿 二 千 禾 禾 禾 秎 秎 秎 秎 稀 稀

稀 稀 稀 稀 稀 少 稀 少

zhēn	钅部	左右结构	7画	笔顺：丿 𠂉 𠂉 𠂉 钅 钅 针

针 针 针 针 针 线 针 线

pèng	石部	左右结构	13画	笔顺：一 丆 丆 石 石 石 石 砬 砬 砬 砬 碰 碰

碰 碰 碰 碰 碰 上 碰 上

评一评：☆ ☆ ☆

huāng	忄部	左右结构	12画	笔顺：丶 丷 忄 忙 忙 怅 怅 怅 怅 怅 慌 慌

慌 慌 慌 慌 慌张 慌张

21 画家和牧童

拼音	部首	结构	笔画	笔顺	练习
xiōng	口部	上下结构	5画	丨 冂 口 尸 兄	兄 兄 兄 兄 兄弟 兄弟
dāi	口部	上下结构	7画	丨 冂 口 旦 早 杲 呆	呆 呆 呆 呆 呆住 呆住
shāng	亠部	上下结构	11画	丶 亠 亠 亠 产 产 产 产 商 商 商	商 商 商 商 商场 商场
mǒ	扌部	左右结构	8画	一 十 扌 扌 扌 抂 抹 抹	抹 抹 抹 抹 涂抹 涂抹
jǐ	扌部	左右结构	9画	一 十 扌 扌 扩 扩 挤 挤 挤	挤 挤 挤 挤 挤进 挤进
gǒng	扌部	左右结构	9画	一 十 扌 扌 扌 扌 拱 拱 拱	拱 拱 拱 拱 拱手 拱手
jué	冫部	左右结构	6画	丶 冫 冫 冫 决 决	决 决 决 决 决定 决定
jià	亻部	左右结构	6画	丿 亻 亻 价 价 价	价 价 价 价 价格 价格
qián	钅部	左右结构	10画	丿 𠂉 乍 乍 钅 钅 钅 钱 钱 钱	钱 钱 钱 钱 花钱 花钱

gòu	贝部	左右结构	8画	笔顺：丨 冂 贝 贝 贝' 购 购 购
购	购 购 购			购 买 购 买

pī	扌部	左右结构	7画	笔顺：一 丅 扌 扌 扌 扌 批
批	批 批 批			批 评 批 评

píng	讠部	左右结构	7画	笔顺：丶 讠 讠 讠 讠 讠 评
评	评 评 评			评 论 评 论

22 我为你骄傲

bào	扌部	左右结构	7画	笔顺：一 丅 扌 扌 扌 扌 报
报	报 报 报			报 纸 报 纸

bō	王部	左右结构	9画	笔顺：一 二 千 王 王 王 王 玻 玻
玻	玻 玻 玻			玻 璃 玻 璃

shí	扌部	左右结构	9画	笔顺：一 丅 扌 扌 扌 扌 拾 拾 拾
拾	拾 拾 拾			拾 起 拾 起

pò	石部	左右结构	10画	笔顺：一 丆 ㄏ 石 石 石 矿 矿 破 破
破	破 破 破			打 破 打 破

suì	石部	左右结构	13画	笔顺：一 丆 ㄏ 石 石 石 石 矿 矿 矿 矿 碎 碎
碎	碎 碎 碎			破 碎 破 碎

huá	氵部	左右结构	12画	笔顺：丶 丶 氵 氵 氵 氵 氵 氵 滑 滑 滑 滑
滑	滑 滑 滑			光 滑 光 滑

jì	纟部	左右结构	10画	笔顺：ㄥ 纟 纟 纟 纟 纟 纟 纟 继 继
继	继 继 继			继 承 继 承

xù　纟部　左右结构　11 画　笔顺：𠃋 纟 纟 纟 纟 纟 纟 纟 纟 纟 续

续 续 续 续　　继 续 继 续

fēng　寸部　左右结构　9 画　笔顺：一 十 土 圭 圭 圭 圭 封 封

封 封 封 封　　信 封 信 封

jiāo　马部　左右结构　9 画　笔顺：㇇ 马 马 马 马 马 马 骄 骄

骄 骄 骄 骄　　骄 傲 骄 傲

ào　亻部　左中右结构　12 画　笔顺：丿 亻 亻 亻 亻 亻 亻 亻 亻 亻 傲 傲

傲 傲 傲 傲　　傲 骨 傲 骨

23 三个儿子

līn　扌部　左右结构　8 画　笔顺：一 十 扌 扌 扌 扌 拎 拎

拎 拎 拎 拎　　拎 着 拎 着

tǒng　木部　左右结构　11 画　笔顺：一 十 才 木 木 木 木 桶 桶 桶 桶

桶 桶 桶 桶　　水 桶 水 桶

tíng　亻部　左右结构　11 画　笔顺：丿 亻 亻 亻 亻 亻 亻 亻 亻 停 停

停 停 停 停　　停 上 停 上

cōng　耳部　左右结构　15 画　笔顺：一 丅 丌 丌 耳 耳 耳 耳 耳 耳 耳 耳 聪 聪 聪

聪 聪 聪 聪　　聪 明 聪 明

gē　月部　左右结构　10 画　笔顺：丿 刀 月 月 月 胳 胳 胳 胳 胳

胳 胳 胳 胳　　胳 膊 胳 膊

bó　月部　左右结构　14 画　笔顺：丿 刀 月 月 月 月 月 月 月 月 月 膊 膊 膊

膊 膊 膊 膊　　胳 膊 胳 膊

diàn	勹部	半包围结构	7画	笔顺：丿 勹 勺 句 句 甸 甸							
甸	甸	甸	甸					沉	甸	沉	甸

huàng	日部	上下结构	10画	笔顺：丨 冂 日 日 旦 早 早 显 晃 晃							
晃	晃	晃	晃					摇	晃	摇	晃

dàng	艹部	上下结构	9画	笔顺：一 十 艹 艹 艹 芀 荡 荡 荡							
荡	荡	荡	荡					扫	荡	扫	荡

25 玲玲的画

bā	口部	左右结构	5画	笔顺：丨 口 口 叭 叭							
叭	叭	叭	叭					喇	叭	喇	叭

líng	王部	左右结构	9画	笔顺：一 二 千 王 王 玐 玖 玲 玲							
玲	玲	玲	玲					玲	珑	玲	珑

gǒu	犭部	左右结构	8画	笔顺：丿 犭 犭 犭 犳 狗 狗 狗							
狗	狗	狗	狗					花	狗	花	狗

zāo	米部	左右结构	17画	笔顺：丶 丷 丷 半 米 米 米 米 粫 粫 粫 糟 糟 糟 糟 糟 糟							
糟	糟	糟	糟					糟	糕	糟	糕

lóu	木部	左右结构	13画	笔顺：一 十 才 木 木 木 木 栏 栏 楼 楼 楼 楼							
楼	楼	楼	楼					楼	梯	楼	梯

tī	木部	左右结构	11画	笔顺：一 十 才 木 木 杧 杧 杧 梢 梯 梯							
梯	梯	梯	梯					梯	子	梯	子

kěn	月部	上下结构	8画	笔顺：丨 卜 止 止 肯 肯 肯 肯							
肯	肯	肯	肯					肯	定	肯	定

nǎo　月部　左右结构　10画　笔顺：丿 月 月 月 月' 肚 肚 肢 脑 脑

脑 脑 脑 脑　　动 脑 动 脑

jīn　竹部　上下结构　12画　笔顺：丿 𠂉 𥫗 𥫗 𥫗 𥫗 竻 竻 竻 竻 筋 筋

筋 筋 筋 筋　　脑 筋 脑 筋

26 蜜蜂引路

yà　讠部　左右结构　6画　笔顺：丶 讠 讠 讶 讶 讶

讶 讶 讶 讶　　惊 讶 惊 讶

tán　讠部　左右结构　10画　笔顺：丶 讠 讠 讠 讠 讠 讠 谈 谈 谈

谈 谈 谈 谈　　交 谈 交 谈

pài　氵部　左右结构　9画　笔顺：丶 丶 氵 氵 汀 沂 沂 沠 派

派 派 派 派　　派 人 派 人

yǐn　弓部　左右结构　4画　笔顺：㇆ ㇆ 弓 引

引 引 引 引　　引 路 引 路

liè　刂部　左右结构　6画　笔顺：一 丆 歹 歹 列 列

列 列 列 列　　列 队 列 队

fēng　虫部　左右结构　13画　笔顺：丨 口 口 中 虫 虫 虫' 虫' 蚁 蚁 蜂 蜂 蜂

蜂 蜂 蜂 蜂　　蜜 蜂 蜜 蜂

qiāo　高部　左右结构　14画　笔顺：丶 亠 亠 亠 亠 亠 高 高 高 高 高 高 敲 敲

敲 敲 敲 敲　　敲 门 敲 门

fù　阝部　左右结构　7画　笔顺：㇌ 阝 阝 阝 附 附 附

附 附 附 附　　附 近 附 近

jìn	辶部	半包围结构	7画	笔顺：㇀ 厂 斤 斤 ㇀斤 沂 近

近 近 近 近 近 处 近 处

27 寓言两则

拼音	部首	结构	笔画	笔顺	练习
shǒu	宀部	上下结构	6画	笔顺：` ` 宀 宀 宇 守	守 守 守 守 守 候 守 候
diū	丿部	独体结构	6画	笔顺：㇀ 二 千 王 丢 丢	丢 丢 丢 丢 丢 失 丢 失
jiāo	灬部	上下结构	12画	笔顺：丿 亻 亻 仁 仁 什 佳 佳 隹 焦 焦 焦	焦 焦 焦 焦 焦 急 焦 急
fèi	贝部	上下结构	9画	笔顺：㇕ 弓 弔 弗 弗 弗 费 费 费	费 费 费 费 白 费 白 费
wàng	王部	上下结构	11画	笔顺：` 亠 亡 切 切 胡 胡 望 望 望 望	望 望 望 望 期 望 期 望
suàn	竹部	上中下结构	14画	笔顺：丿 𠂉 𥫗 𥫗 竹 竹 竹 符 笞 笞 筲 筫 算 算	算 算 算 算 算 术 算 术
cǐ	止部	左右结构	6画	笔顺：丨 卜 ⺊ 止 止 此	此 此 此 此 从 此 从 此
zhuāng	木部	左右结构	10画	笔顺：一 十 才 木 木 杧 杧 柠 桩 桩	桩 桩 桩 桩 树 桩 树 桩
féi	月部	左右结构	8画	笔顺：丿 刀 月 月 肝 肥 肥 肥	肥 肥 肥 肥 肥 胖 肥 胖

评一评：

28 丑小鸭

huī　火部　半包围结构　6画　笔顺：一 ナ 𠂇 灰 灰 灰

灰 灰 灰 灰　　灰色 灰色

tǎo　讠部　左右结构　5画　笔顺：` 讠 讠 计 讨

讨 讨 讨 讨　　讨论 讨论

yàn　厂部　半包围结构　6画　笔顺：一 厂 𠂆 厌 厌 厌

厌 厌 厌 厌　　讨厌 讨厌

bīng　冫部　左右结构　6画　笔顺：` 冫 冫 冫 冰 冰

冰 冰 冰 冰　　冰雪 冰雪

dàn　虫部　上下结构　11画　笔顺：一 丆 下 疋 疋 疋 疍 疍 蛋 蛋 蛋

蛋 蛋 蛋 蛋　　鸡蛋 鸡蛋

ké　士部　上下结构　7画　笔顺：一 十 士 声 声 壳 壳

壳 壳 壳 壳　　蛋壳 蛋壳

yā　鸟部　左右结构　10画　笔顺：丨 冂 日 日 甲 甲 甲 甲 鸭 鸭

鸭 鸭 鸭 鸭　　小鸭 小鸭

qī　欠部　左右结构　12画　笔顺：一 十 廾 廾 廾 甘 其 其 其 欺 欺 欺

欺 欺 欺 欺　　欺骗 欺骗

fù　贝部　上下结构　6画　笔顺：丿 ク 𠂊 负 负 负

负 负 负 负　　胜负 胜负

é　鸟部　左右结构　12画　笔顺：丿 二 于 手 我 我 我 我 鹅 鹅 鹅 鹅

鹅 鹅 鹅 鹅　　天鹅 天鹅

chì	羽部	半包围结构	10画	笔顺：一 十 土 支 ... 翅
翅	翅 翅 翅			鱼翅 鱼翅

bǎng	月部	左右结构	14画	笔顺：丿 月 月 月 ... 膀 膀
膀	膀 膀 膀			翅膀 翅膀

29 数星星的孩子

sháo	勺部	半包围结构	3画	笔顺：丿 勹 勺
勺	勺 勺 勺			勺子 勺子

dǒu	斗部	独体结构	4画	笔顺：丶 丶 二 斗
斗	斗 斗 斗			斗争 斗争

yù	王部	独体结构	5画	笔顺：一 二 干 王 玉
玉	玉 玉 玉			玉米 玉米

zǔ	纟部	左右结构	8画	笔顺：乚 纟 纟 纟 纫 纫 组 组
组	组 组 组			组合 组合

zhēn	王部	左右结构	9画	笔顺：一 二 干 王 王 玠 玠 珍 珍
珍	珍 珍 珍			珍贵 珍贵

zhū	王部	左右结构	10画	笔顺：一 二 干 王 王 王 王 玝 珠 珠
珠	珠 珠 珠			明珠 明珠

shǔ	攵部	左右结构	13画	笔顺：丶 丷 ... 数 数
数	数 数 数			数数 数数

zuān	钅部	左右结构	10画	笔顺：丿 𠂉 𠂉 𠂉 钅 钅 钅 钻 钻 钻
钻	钻 钻 钻			钻研 钻研

评一评：

yán	石部	左右结构	9画	笔顺：一 丆 不 石 石 石一 石二 矸 研
研	研 研 研			研究 研究

shuì	目部	左右结构	13画	笔顺：丨 冂 月 目 目 目一 目二 盽 盽 睡 睡 睡 睡
睡	睡 睡 睡			睡觉 睡觉

jù	足部	左右结构	11画	笔顺：丶 ㄇ 口 早 早 星 足 𧾷 距 距 距
距	距 距 距			距离 距离

30 爱迪生救妈妈

yóu	氵部	左右结构	8画	笔顺：丶 丶 氵 氵 汩 泪 油 油
油	油 油 油			油灯 油灯

jiǎn	木部	左右结构	11画	笔顺：一 十 才 木 朩 朩 枌 朩 枱 检 检
检	检 检 检			检查 检查

chá	木部	上下结构	9画	笔顺：一 十 才 木 木 杏 杳 杳 查
查	查 查 查			调查 调查

tuán	口部	全包围结构	6画	笔顺：丨 冂 冃 冃 团 团
团	团 团 团			团结 团结

chì	斤部	独体结构	5画	笔顺：一 厂 斤 斤 斥
斥	斥 斥 斥			斥责 斥责

zé	贝部	上下结构	8画	笔顺：一 二 キ 丰 圭 青 责 责
责	责 责 责			责任 责任

yán	火部	上下结构	8画	笔顺：丶 丷 火 火 炏 炏 炎 炎
炎	炎 炎 炎			炎热 炎热

kuā	大部	上下结构	6画	笔顺：一 ナ 大 大 夲 夸

夸 夸 夸 夸 夸 奖 夸 奖

31 恐龙的灭绝

wáng	亠部	独体结构	3画	笔顺：丶 亠 亡

亡 亡 亡 亡 死 亡 死 亡

ròu	丨部	独体结构	6画	笔顺：丨 冂 内 内 肉 肉

肉 肉 肉 肉 食 肉 食 肉

nài	寸部	左右结构	9画	笔顺：一 丆 丆 万 丙 而 而 耐 耐

耐 耐 耐 耐 耐 心 耐 心

mí	讠部	左右结构	11画	笔顺：丶 讠 讠 讠 讠 讠 讠 讠 讠 谜 谜

谜 谜 谜 谜 谜 语 谜 语

chuán	亻部	左右结构	6画	笔顺：丿 亻 亻 仁 传 传

传 传 传 传 传 达 传 达

rǎn	木部	上下结构	9画	笔顺：丶 丶 氵 氵 氿 氿 染 染 染

染 染 染 染 感 染 感 染

lèi	米部	上下结构	9画	笔顺：丶 丷 丷 半 米 米 类 类 类

类 类 类 类 人 类 人 类

yán	一部	独体结构	7画	笔顺：一 丅 丌 亚 亚 亚 严

严 严 严 严 严 格 严 格

hán	宀部	上下结构	12画	笔顺：丶 丶 宀 宀 宀 宀 宙 宙 寉 寒 寒 寒

寒 寒 寒 寒 寒 冷 寒 冷